マラッカ海峡のコスモポリス ペナン

重松伸司

大学教育出版

はじめに

ペナンはマレー半島の西部、マラッカ海峡の北端に浮かぶ小島である。二〇〇八年、この島の中心地ジョージタウンは、マラッカと抱き合わせで世界文化遺産に登録された。

とはいえ、他の多くの世界遺産が誇るような、巨大な建築遺構や宗教施設、あるいは独特な文化史跡といったものは存在しない。奇抜・壮大な文明の痕跡ではなく、今も人々が普段の生活を送っている社会空間なのである。その点で、世界遺産として強くアピールする個性には乏しい。だが、この旧市街をゆっくりと歩いてみると、香のにおいが漂い出す路地奥の家屋や寺院には、あたかも使い込まれた茶器のような光沢が感じられる。

ジョージタウンは、世界文化遺産の三つの基準に適合すると認定された。それは目に見える形としての建築・技術・デザイン・景観だけではなく、むしろ多種多様な人々が日常的な営みの中で紡ぎ出した無形の生活遺産ではないかと思える。本書では、この島の一画を構成するジョージタウンという市街の成り立ちと、それを形作った人々の三〇〇年にわたる社会・生活史を概説する。

この島は近年、リゾート地として有名なのだが、その以前から日本企業の一拠点でもあった。もっとも、マレーシアという国自体もそうであるが、ペナンも国際的な観光地としては知る人ぞ知るで、さほど有名ではない。そのような「地味」さがこの島の持ち味でもある。

実際、島全体としては、ペナンはその長い歴史の中で、激しい戦争や自然の大災害に襲われたという記憶を持たない。そのことがペナンを陰影に乏しい世界として印象づけてきた。だが、それゆえにまた、これから述べるように色々な意味での「安息の地、アジール」として、様々なエスニックに属する人々を強く惹き付けたのではなかったかと思う。

インド洋や南シナ海あるいは地中海といった海域世界が注目を浴びて久しい。それは、海洋文明圏や東西文明の伝播ルート、様々な物資を運んだ「海」が、歴史研究の対象とされ始め、アジア世界を内陸からではなく、海から見るといった歴史観の転換が始まったからであろう。他方では、本来境界なき海が、領海権をめぐる現代政治や、海底資源などの経済権益をめぐる海政学的な利害から、今日において強い現実的な関心の対象となっているからでもあろう。

筆者は、一九八五年から断続的に、南インド南部を起点にコルカタ（カルカッタ）を経由して、バングラデシュ、ミャンマー、タイ南部、マレー半島全周と、ベンガル湾沿岸をほぼ一筆書きのようにたどってきた。それは、インドと東南アジアを結ぶ内海のようなベンガル湾海域には、どのような文明の綾織りが紡ぎだされたのか、この海域はいったいどのような世界なのかといった関心が、インド内陸農村にいた時に大きく湧いたからである。

本書はその足で稼いだ原地調査、フィールドワークの一部であるが、ただ旅行ガイドや世界遺産案内を目的としたものではない。大学で講義していると、専門的論義は別として、ベンガル湾やマラッカ海峡の面白さを解説する一般書や啓蒙書の類が思いのほか少ないことに気づく。そこで、できるだけわかりやすい形で、ほとんど知られていない東南アジアの小島ペナンを対象にして、多くのエスニックが共存してきたアジアの近代という時代、そして様々な人々がたどってきた歴史のカタチについてまとめてみようと考えた。本書の意図はこの点にある。

二〇一二年一月

重松伸司

マラッカ海峡のコスモポリス　ペナン

目次

ジョージタウン市街略図

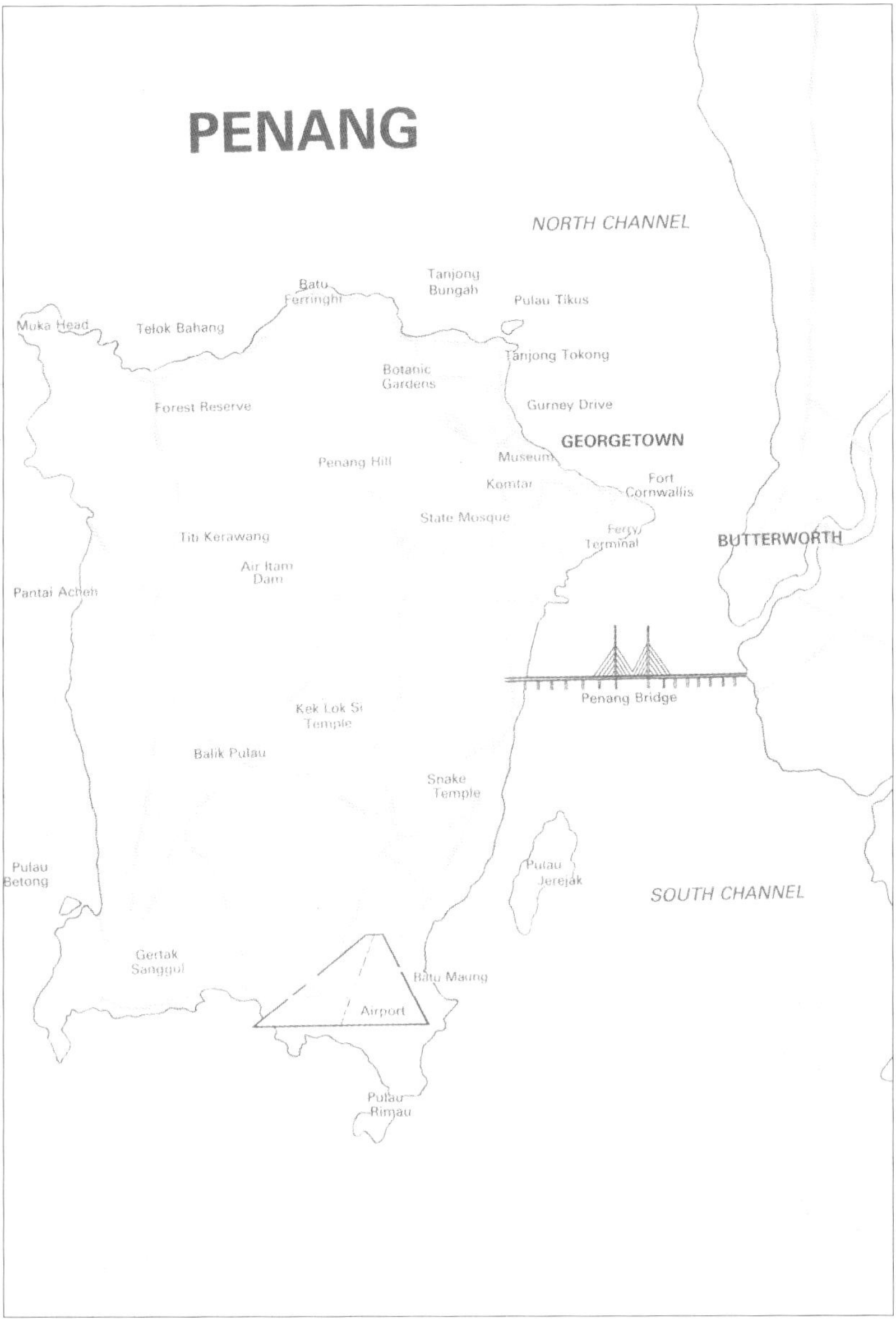
PENANG
NORTH CHANNEL
Tanjong Bungah
Batu Ferringhi
Pulau Tikus
Muka Head
Telok Bahang
Tanjong Tokong
Botanic Gardens
Forest Reserve
Gurney Drive
GEORGETOWN
Museum
Penang Hill
Komtar
Fort Cornwallis
State Mosque
Ferry Terminal
Titi Kerawang
BUTTERWORTH
Air Itam Dam
Pantai Acheh
Penang Bridge
Kek Lok Si Temple
Balik Pulau
Snake Temple
Pulau Jerejak
Pulau Betong
SOUTH CHANNEL
Gertak Sanggol
Batu Maung
Airport
Pulau Rimau

2010 年ペナン島

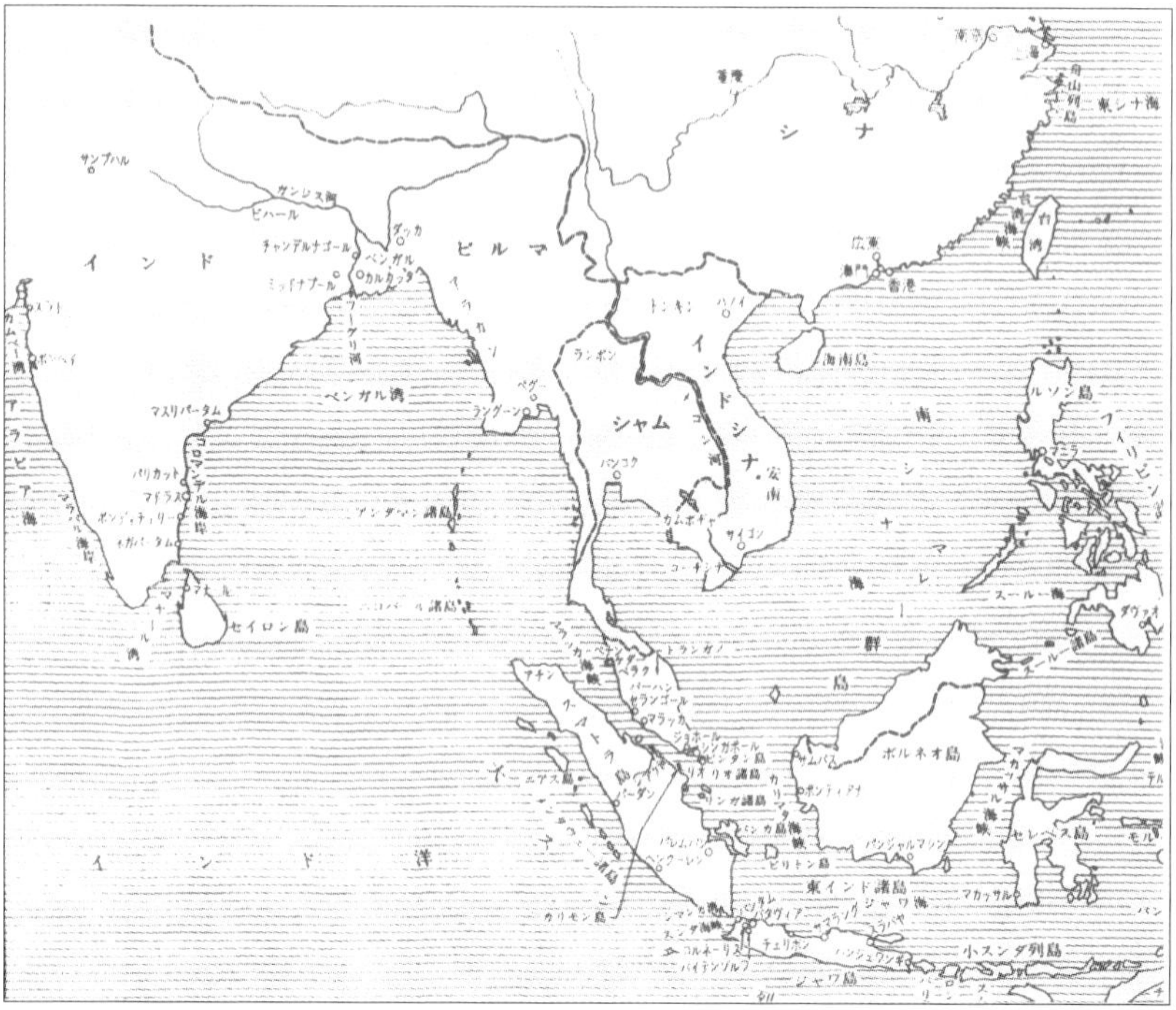
シナ
東シナ海
台湾
広東
香港
ハノイ
海南島
ルソン島
南シナ海
スールー海
ボルネオ島
セレベス島
東インド諸島
ジャワ海
ジャワ島
小スンダ列島
バンジャルマシン
ポンティアナ
シンガポール
マラッカ
バタヴィア
チェリボン
スマラン
スラバヤ
マカッサル
サイゴン
カムボヂャ
バンコク
シャム
インドシナ
ビルマ
ラングーン
ペグー
ベンガル湾
カルカッタ
ダッカ
チャンデルナゴール
ガンジス河
ビハール
サンブハル
インド
スラト
ボンベイ
マスリパータム
マドラス
ポンディチェリー
ネガパータム
セイロン島
アンダマン諸島
ニコバル諸島
スマトラ島
インド洋
アラビア海

18世紀末アジア概図

第一章

ビンロウと植民者

1

ペナン島に日系企業が進出したのは、すでに四十数年も前からである。今日では、東南アジアにおける工業製品の組み立て拠点、輸出の集積地として定着してきた。他方、この一〇年来マレーシア政府は、治安の良さ、温暖な気候、ゆったりとした生活のリズムを、観光客誘致の目玉に売り出してきた。静かなビーチリゾートの北西海岸が静かな人気を呼び、また「マレーシア・マイ・セカンドホーム（ＭＭ２Ⅱ）」政策の一環として、日本の壮年層の長期歴史景観を大々的に宣伝している。さらに二〇〇八年、世界遺産都市の認定を契機に、島の中心地区ジョージタウンが一躍観光地として認知され始めている。

この島は様々な意味で、歴史のモザイク模様の典型であり、また「グローバル化」を早くから実現してきた社会でもあった。しかしこの島のたどってきた歴史の営みは、二十世紀にはいって、マラッカ海峡に流れる熱気の中に溶け込み、あまり鮮明には意識されてこなかった。まずはこの島の景観・風土を概観し、島が刻んできた「時の記憶」をたどることにしたい。

マラッカ海峡のオオウミガメ

マレー諸島が点在する海上に、大熱帯雨林が黒々と繁るボルネオ島が展開する。この島に次いで、マレーシア第二のペナン島がマラッカ海峡北端に浮かぶ。

総面積二八五平方キロ、淡路島のわずか半分にも満たない小島である。だが、島は悠々と波間を泳ぐ海の古老オオウミガメの風格を備える。その右目は、マレー人の漁港タンジュン・トコン、左目は国際的なビーチリゾート、バトゥ・フェリンギ、右上肢の付け根は、この島の中心地で、これから詳しく語る最大の市街ジョージタウン、左上肢の付け根は、緑におおわれたムカ・ヘッドである。また、右下肢の付け根は、国際空港のバヤン・レパが、そして左下肢はかつては長寛であったマレー漁村グルタ・サングルが位置する。そして中央部の南北に点在する丘陵は、あたかも古びた甲羅に似た姿である。

フィリピンのマニラ、中国のアモイとともに、ペナンは「東洋の真珠」と呼ばれる。真珠とは、ただ景観の美しさや高貴さを例えたのではない。真珠の一粒ひとつぶは不揃いだが、様々な民族が育んできた文化や経済や生活の、豊かな輝きを暗示している。この島の社会と文化と民族が形成してきた真珠は、大きさも形も色彩も光沢も様々で、それゆえにまた、実に多彩な輝きと陰影の深さを、数百年の歴史の中で放ってきた。この島と街の放つ光彩と陰影について、これから語りたいと思う。

オオウミガメの右上肢は、この島最大の市街区ジョージタウンを中心とする、多民族・多文化が融和するコスモポリタン地区である。かつて、二〇〇年にわたって繁栄を誇ったマラッカ海峡、ベンガル湾の国際交易拠点としての力は弱くなっているが、新たにマラッカ海峡北端の拠点港として、グローバル化の中で活気を取りもどしている。

左上肢に当たる地域には、主としてマレー系の農・漁業民が住む。両地区に挟まれた地域は、今日では沿岸部の埋め立て造成地とその南部の丘陵地を切り拓いた新興地となり、中・上層階層の人々が住み始めている。

オオウミガメの下部、とりわけ右下肢と左下肢の地域には、もっぱらマレー系の農・漁民が集住している。両脚の地域は、熱帯果樹や香辛料の栽培、とくに胡椒・ニクズク・肉桂・ナツメグ、クローブ、タマリンド、ターメリックなどの小規模な栽培農園、そして島の中央部には水田が広がり、隣のケダ州とともにマレー半島の米蔵・果物供給地の役割を担っている。マレー系の人々は、野菜類よりも多種多様な自生の果実類・多年草類で、ビタミンなどの栄養を取っていたという。マンゴー、ドリアン、ジャックフルーツ、スターフルーツ、スイカ、オレンジ、ドラゴンフルーツ、ライム、ランブータン、バナナ、マンゴスティンなどである。また、果実ではないが、ココナツ、サトウキビ、タマリンド、さらには外来種のパパイヤやパイナップル……。今では東南アジアの代表的な果実類は、ほとんどがこの島で生育する。かつて一五～一六世紀に西欧世界に生活革命をもたらしたスパイス・ブームの再現が今日見られる。世界的な健康食品・自然食ブームに乗って、漢方薬やマレー土着の薬草・香料の栽培が盛んとなっている。ただ、マレー農村では、かつての西欧の入植者や華人（現地定住の中国系住民）による大規模なプランテーション栽培ではなく、島伝来の自家栽培が主流である。

伝統的な文化様式や経済制度の表層を繰り返し脱皮しながら、今日のグローバル状況の中を生き抜いているマレーシアの歴史の姿がここにある。

この小島では、前記の四つの地域で、アジア・西欧出身の様々なコミュニティごとに緩やかな「棲み分け」が見られた。そうした「棲み分け」は、すでに一八世紀末ころから形成され始めたのである。本書で主題とする「コスモポリス」とは、この島の四分の一を占める北東部のジョージタウンの市域を主な舞台とする二世紀間の歴史空間をいう。

海域と地域

東南アジアの特産品に香辛料があり、それらは代表的な国際・地域商品であった。一六～一七世紀、インド・東南アジアの様々な香料・香辛料（スパイス）は、当時の西欧社会に画期的な食習慣と食文化の変化をもたらした「スパイス革命」である。

当時、これらの産物を国際交易品として西欧にもたらしたのは、ポルトガルとスペイン、そしてオランダやフランス、やがてイギリスの大海洋商人たちであった。スパイスの中でも、最高の価値を持ったのはコショウであり、交易における総額の比重は七〇パーセントを占めたという。もっとも、大航海時代におけるスパイスの需要も、一七世紀半ばにはピークを迎え、次第に国際交易商品としての価値は低下したと、東南アジア史家の生田滋氏は指摘する。

「国際」の概念が当時では西欧世界であるならば、スパイスの需要と商品価値は、一七世紀以降の国際市場では色褪せたといえる。だが、西欧人の到来するはるか以前、遅くとも五〇〇年も前から、コショウを主とするスパイスは生産されていて、アジア諸地域内の需要と交易は根強く続いていた。これらの生産と交易を担っていたのが、インド・東南アジアの海域を往来した大小の海商たちであった。

ここでいう「海域」とは、ベンガル湾を中心に西のアラビア海、東の南シナ海そしてその中継ベルトの役割を持った、中央のマラッカ海峡を含む環ベンガル湾海域である。

いわゆる「大航海時代」のポルトガルやスペインの交易が、海洋帝国による「艦隊商船交易」ならば、アジアの諸地域における経済活動は、海商集団による小規模な連携交易つまり「シンジケート交易」と呼べる。沿岸周辺の内陸における生産を担う農民たち、その地域特産物を商品として売買する沿岸港市における交易商人、さらには沿岸の港市を巡って交易を行う沿岸周回の域圏交易商人、そして沿岸を離れ海洋を横断して交易を担う大小の広域交易商人たち……これらの様々な社会集団による、交易範囲と扱い商品の相互補完的な連携、ネットワークである。「地域」というと、農業を生業とする内陸部空間のイメージが強い。だが、インドや東南アジアでは、農業生産と加工と交易とは兼業的・複合的に行われており、それらを集約的に担ったのが実は「海商」たちであった。そして、国際的な中継貿易で栄えたのが、このペナンである。

その実態については、次章以下で具体的な事例をもとに紹介することになろう。

コショウとビンロウ

かつてペナンは、コショウとビンロウジの島であった。ビンロウジについてはこの後に述べるとして、まずはペナンの歴史におけるコショウについて述べておきたい。

この島でコショウがいつ頃から生産され、人々の日常生活に根付いたのかは不明である。コショウあるいはペッパーの原産地はインドといわれる。ペッパーの語源はサンスクリット語のピッパルである。おそらくは、インドから東南アジアやアジア各地に伝わったのであろうが、マラッカ海峡沿岸にいつ伝わったのかは正確には不明だ。

西欧商船隊の到来以前から、ペナンは小規模な中継貿易港で、アジア各地から様々な特産品がもたらされ、この商港で交換交易が行われていた。その中には、コショウも地域限定の交易品として取引されていたことは事実である。だが、一八世紀末からさらに大規模かつ広域に、アジアの域内交易品、西欧向けの国際商品として取引され始めた。ここからペナンの状況は大きく変容する。

一七九二年の統計資料によれば、ブギスやアチェなどインドネシアの海商によるペナンへの輸出は、輸出総額の比率（当時の国際交易の基準通貨スペインドル換算）で、第一にスマトラ・マレー半島・ボルネオ産の砂金（一七・一一パーセント）、次いでツバメの巣（一四・六〇パーセント）、マレー半島産の錫（一二・二九パーセント）、さらにブギス産の綿布（一二・一四パーセント）、タイ産の米（九・三三パーセント）そしてインドネシア産のコショウ（四・七四パーセント）であった。ただ、ペナンの輸入総額に占めるコショウの比重は思いのほか低かった。他方、ペナンからの対外輸出品は、インド産アヘン、インド産綿布、スペイン銀貨であった。中継港市ペナンが扱ってきたアヘン・錫・綿布・ツバメの巣、砂金・銀貨はいずれも島外産の商品であり、ペナン島内で地産・地消されるものではなかった（Nordin Hussin. 2007）。

一七八六年、イギリス東インド会社商人のフランシス・ライトがまず目を付けたのは、ペナンの未開拓の森林であった。この森林を開拓して米とコショウとビンロウジを大々的に生産できないかと考えたのである。

福建省出身の華人で、初代華人カピタンに任命された男がいる。クー・レイ・フアン（辜禮歓）である。この人物については第四章で述べるが、目先の利いた華人であった。一七九二年、彼はライトの意を受けてアチェからコショウの苗を輸入し、華人労働者を使って東インド会社と共同で

各種の香辛料

農園を開拓した。現在のジョージタウンの南西にあるアイヤー・イタム地区である。ここでコショウの栽培を始め、一〇〇〇トンの収穫を得た。そのわずか一〇年後の一八〇二年には、ペナン島の九〇〇エーカーの土地に五三万本のコショウの苗が植えられ、翌年には一二〇〇トン、さらに一八〇六年には一八〇〇トンに上るコショウが生産された。これらのコショウは、アチェ、スマトラ、シャムから輸入されたコショウとともに、インドのカルカッタ、中国、英国へと再輸出され、そのうち総量の七五パーセントが英国向けであった。

こうした状況がそのまま続けば、ペナン島は「コショウの島」として世界に名を残したかもしれない。しかし、西欧における政情の激変によって、イギリスはコショウ交易の市場を完全に失ってしまう事態になる。ナポレオン一世が採った「大陸封鎖」政策である。

一八〇六年のベルリン勅令、一八〇七年のミラノ勅令によって、イギリス商船のヨーロッパ大陸への寄港は封じられ、イギリスがもたらす商品は没収されることになった。ロンドンの倉庫にはコショウとコーヒーの滞貨が山積みとなり、コショウの国際価格は大暴落した。その結果、ペナンの華人や英国人農園主は大打撃を受け、一八二〇年代にはコショウ農園は放棄されて、新たにナツメグやクローブの栽培に転じた。ペナン島におけるコショウ栽培は一過性のブームに終わり、結局イギリスによるコショウ交易は定着しなかったのである。

ビンロウと呼ばれた島

コショウとビンロウジ（あるいはベーテル・ナット）は対照的な産物であった。前者が外来の交易品としてペナンにもたらされたのに対して、後者のビンロウジはペナンの原産品であり、主要な交易商品でもあった。一八二八〜一八二九年の史料によれば、ペナンから輸出されるビンロウジの総量の八七パーセントはペナン産で、一二パーセント強がアチェからの輸入品であった。また、コショウがもっぱら西欧への主要な輸出品であったのに対して、ビンロウジは西欧での需要はなく、もっぱらインド・東南アジアでの嗜好品や中国における薬品として求められた。その意味で、ビンロウジはアジアの地域内交易品として重要な役割を果したといえる。

ところで、島名のペナンとは、わが国でいうキンマ、ビンロウジュに由来する。マレー人たちはビンロウジュをピナンと呼ぶ。島はかつて一面ビンロウジュにおおわれた原生林であった。一六世紀に来航してきたポルトガル商船の船員たちは、この島を始めて見たときにビンロウの島、プロ・ピノムと呼んだという。一六〇六年頃のランジェンス・ベルティウス制作のマラッカ海峡図には、ポルトガル語で小さくプロ・ピナム Pulo Pinaom と記されている。この島名はその後も続いている。また四世紀以前から頻繁にタイ南部やマレー半島西岸を往来していた中国人も、この島を「檳榔《びんろう》の島」と呼び慣わしていた。一四世紀末～一五世紀初めに中国からアフリカまで航海した明代の鄭和のルートを記録した「鄭和航海図」には、「梹榔嶼」と記されている。

しかし、これらの呼称はいずれも、外来の人たちが島の景観からこう名付けたのであって、現地の人々は古いマレー語でプラウ・ケサトゥ、つまり「最初の（kesatu）島（pulau）」と呼んでいたらしい。ペナンの郷土史家にも、その語源は不明だという。ただ、ペナン歴史遺産保存協会ＰＨＴのリャン氏によれば、こうだ。

マラッカ海峡を往来する漁師や航海の民が、海峡の北端からマレー半島を南下してくると、最初に出会う大島がこ

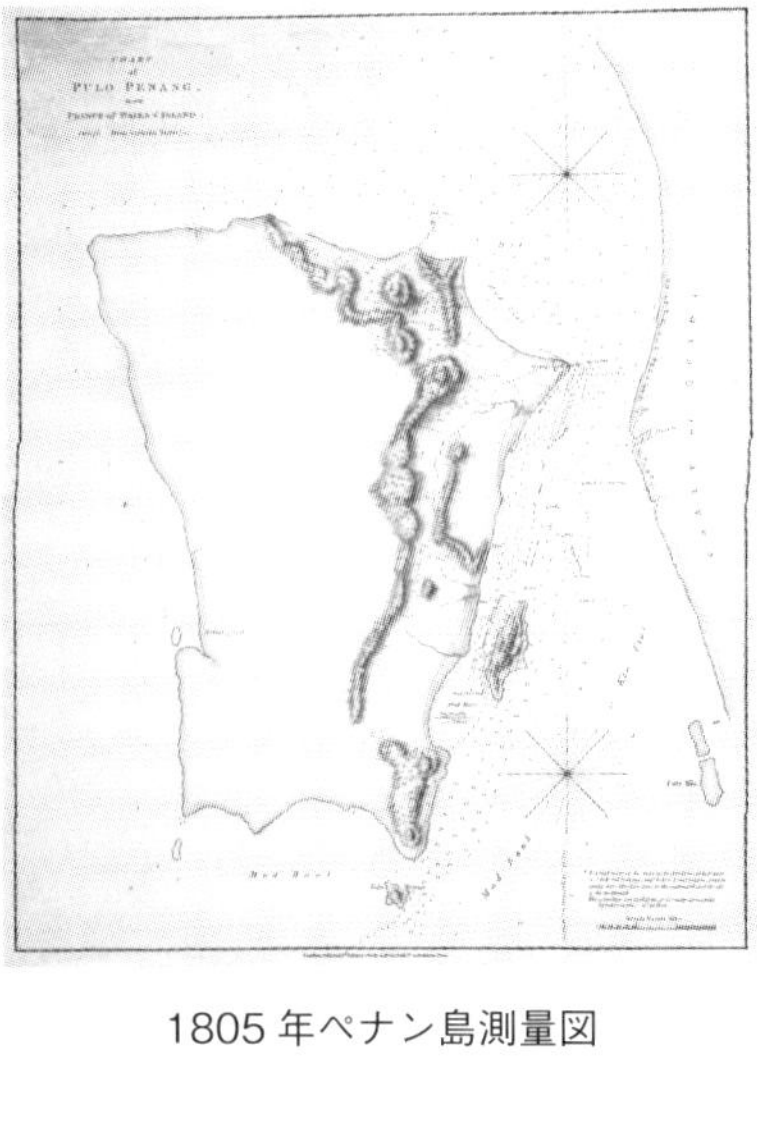

1805年ペナン島測量図

のペナンであったからではないかと。実際、筆者が現地調査の際にこの海域をたどってみると、そのことがわかる。今日のタイ・マレーシア国境のタイ側の港市サトゥンやプーケット島から高速艇で南下し、マラッカ海峡の入口で最初に目に入るのはペナン島である。「最初の島」の所以かもしれない。

すでに紀元後の三〜四世紀ころから、中国人やインド人は頻繁にこのあたりに来航しては交易し、定着しては引き揚げていった。こうした潮の満ち引きにも似た人の動きを繰り返しつつ、仏教やヒンドゥー教、道教や土着の自然崇拝の信仰、またマレー各地のことばやサンスクリット語やタミル語、中国語、さらにのちにはアラビア語やペルシャ語、ポルトガル語、オランダ語、英語、そして日本語などが人々の生活の中に浸透していった。

だから、ペナンの歴史がイギリスによって一七八六年以降に初めて創られたというのは、必ずしも正確ではない。はるかそれ以前から、ペナンや対岸ケダの地に、多民族・多文化の併存と摩擦が生じていたのである。ただ、外来の人々による征服や交易や布教の関心が、もっぱらタイのプーケット島（当時、この島はジャンク・セイロンと呼ばれていた）やスマトラ島のアチェ、マレー半島のケダや南部マラッカにあったから、ペナンへの関心は薄かった。

一八世紀初めまで、ペナンは一部のマレー系や他の少数民族による断続的な小規模交易が行われたほかは、うっそうとした野生の森であった。この森林地帯を西欧人たちが大々的に切り拓き始めた時から、これまでとは違った新たな島史の展開が始まったといえる。つまりペナンが世界中から人とモノの集まる地、多民族並存の時代が始まったのである。

ビンロウジの風習

ビンロウについてもう少し述べたい。ビンロウの樹木がビンロウジュであり、ビンロウの種子がビンロウジつまりビンロウ子《じ》である。この種子を砕いた小片を石灰と混ぜ、ベーテルの葉でくるんだものがインドではパーン、東南アジアでは一般にベーテルと総称される香辛料である。

ビンロウはヤシ科の一種アレカヤシで、マレー半島の原産であるが、現在では東南アジア一帯、インドにも分布している。他方、わが国でキンマと呼ばれるベーテルは、コショウ科の仲間であり、これまたマレー半島原産のつる性の植物であるが、インド・東南アジア各地に分布している。

ビンロウの種子、ベーテルの葉、石灰の三点セットの噛みたばこに似た一種の嗜好品は、インドから東南アジア、台湾、中国南部の一帯にかけて、古来、人々の日常生活に不可欠のものであった。

これを噛み続けていると、渋みとしびれ感が口中に広がり、緑の青臭い葉は血のように真っ赤に変色し、地面に吐きだされた唾はまるで喀血したように見える。最近でこそ化学合成の嗜好品が出回り、見た目が悪い、不衛生、あるいはガンを誘発するなどの理由で、パーン（ベーテル）を噛む人たちは減少している。しかしなお、インド、東南アジア、台湾、中国南部では、根強い人気を維持しているようだ。

ビンロウジュの種子

アジアに到来した西欧の旅行家や探検家は、酒にはモラル上の強い抵抗がなかった。実際、本国でも航海中でも酒をたしなみ、現地の人間が酒を造り、酒を飲む風習には違和感を持たなかった。しかし、自生植物を原料とした覚醒作用を持つ嗜好品である、ベーテルの効能や常習性には嫌悪感を込めた好奇心を示していた。

一六世紀末、オランダ人旅行家リンスホーテンは、当時のポルトガルインド領、現在のインド・東南アジアの事情を詳細に記録している（『東方案内記』）。その中で、ベーテルに関する習俗や栽培、市場価値について、数章にわたって紹介している。その一部を引用する。

女たちはまた、ベテレ（ベーテル）という葉を石灰とアレッカ（アレカ、ビンロウジ）と一緒に噛む。このアレッカのある種のものは、見かけも味もまるで木の根みたいだが、噛んでいるうちに酒でも飲んだようにひどく酔ってきて、くらくらめまいがするほど強烈である。

この三種の品（ベーテルの葉・アレカ・石灰）を、彼女らは、あたかも牡牛か牝牛が反芻でもするように、一日中噛み続けるのである。

インドや東南アジアでは、今日でも結婚式やパーティーには、お盆に載せたベーテルが必ずといってよいほど供される。その感覚は、一瞬の苦みと青臭さとビンロウジの木汁のかすかな甘さがあり、しばらくすると口中にしびれを感じ始め、それは歯の治療の際に打たれる麻酔の余韻に似た感

ベーテルの葉

じである。およそ我々が常習とするには程遠い味と感覚ではある。

東南アジアの人々にとって、ベーテルは日常生活の中で安息剤として不可欠の品である。のみならず、彼らの儀式・祭礼でもまた重要な意味を持っていた。とりわけ、男女のセックスに関する象徴であり、ビンロウジと石灰と他の成分をベーテルの葉で巻くことは、女性が男性に対してもてなす儀礼的表現、つまり求婚と結婚のシルシであったという。それだけでなく、ビンロウジとベーテルの葉を噛むことや先祖の霊に差し出すことは、誕生・死・癒しなどすべての儀式において重要な役割を果したと、東南アジア史家のアンソニー・リードは指摘する（『大航海時代の東南アジアⅠ』、二〇〇二）。さらにまた、飢えや疲れを癒す一種の強壮剤、今でいうところのスタミナ剤のような作用を持っていた。

植民者、ライトとラッフルズ

このビンロウの樹木生い茂る島を切り拓いた立役者について述べておこう。フランシス・ライトとスタンフォード・ラッフルズである。彼らは、東南アジア「開拓」の先駆者として史上必ず名の挙がる人物である。前者はペナンのコーンウォーリス要塞で、そして後者はシンガポールのクラーク波止場を見渡す公園の一角で、今も銅像姿でにらみを利きかせている。

一八世紀後半に植民港市ペナンの礎石を築き上げたライト、一九世紀初めにマラッカ海峡の要衝シンガポール建設に力を尽くしたラッフルズ。一七九四年にライトは五四歳で死んだが、その頃一三歳の少年ラッフルズは、父が指揮する商船上で、あるいはイギリス本国で、ライトの武勇伝を聞いていたかもしれない。

ペナン開発の最も初期のそして最大の功労者がライト、というのは定説である。しかし、彼以前にこの島の重要性を見抜いていた男がいた。東南アジアにおける初期のイギリス人探検家ジェームズ・ランカスターである。彼はスマトラ島の北部を経由してマラッカ海峡に入り、一五九二年にペナンに到達した。わずかなマレー人の集落と大部分が未開拓の森林におおわれたこの島が、貿易の拠点あるいはイギリスの居留地としてうってつけであると見抜いた。その考えを伝えるべく帰途についたが、船は途中で漂着し、奇跡的にやっと一五九四年にイギリスへ帰り着いた。その二年後、再びベンジャミン・ワードを隊長とする探検隊が送り込まれたが、マレー半島到着後には、熱帯の疫病に見舞われて全滅した。

ペナンが国際的な商港として知られるようになるには、その二〇〇年後、イギリス東インド会社と契約した冒険商人、フランシス・ライトの登場を待たなければならなかった。

ライトとラッフルズはともに、インドや東南アジアでは東インド会社の一員としてよく似た経歴をたどることになる。だが、その人物像はかなり対照的である。

シンガポールを「開発」したラッフルズは、植物学や地政学への造詣も深く、植民地行政官としてはそれなりの学識と見識を持っていた人物として、当時においても一目置かれ、史家の間でも高く評価されている。たとえば、わが国では信夫清三郎による人物伝（『ラッフルズ伝』、平凡社、東

フランシス・ライト像（ペナン）

洋文庫、一九九四）がその代表的なものであろう。

ラッフルズに対して、一七〜一八世紀のイギリスの東インド会社の中では、成り上がり者のライトはひときわ破天荒な人物であったようだ。ともあれ彼の事跡について話を進めよう。

スタンフォード・ラッフルズ

東インド会社の社員修業

教科書や一般書でも、「東インド会社」の名はよく知られている。オランダ、フランス、イギリス、ドイツ、デンマーク、スウェーデンなど西欧各国が派遣した国策的商事会社である。だが、会社の交易品やルート、商館のほかに、「会社員」の実態については、あまり知られていない。そこでごく簡単に紹介しておきたい。

通例、東インド会社の社員として、イギリス本国から東南アジアやインドに進出するには、「まっとうなコロニスト」たる心得を修練する必要があった。そのためにはまず、一七〜一八歳から「見習い社員（アプレンティス）」の身分で雇われ、最短七年間は会計帳簿の整理、現場監督、雑務をこなさなければならない。それから「書記（ライター）」、さらに「商館員（ファクター）」、「会社商人（カンパニー・マーチャント）」に昇格する。そして現地商館では、商館長を含む最高の「評議員（カウンスラー）」に上り詰める。数名の「評議員」が、東インド会社の最高幹部として現地商館の運営に当たる。彼らは、会社の現地代表兼総督である第一評議員、社員の給与や取引の会計記録を担当する出納官の第二評議員、備品管理担当の第三評議員、そして現地商品の購入や関税・地代の徴収を担当する税務官の第四評議員などがいた。もっとも、このように整った組織になるのは、商館が現地でかなり定着し、規模も大きくなり、現地会社として整備された一八世紀の段階での話である。

一八世紀当時の東インド会社は、アフリカから中国までを含む広域の「アジア圏」を管轄しなければならなかった。実際には、現地の珍しい産品を買い付け、時には略奪し、ライバルのオランダやフランスの東インド会社と攻防し、そして水と食料と休息の地を沿岸のどこかに確保することであった。その現地駐在館がファクトリーである。「ファクトリー」といえば、今日ではモノを生産する「工場」の意味であるが、一七〜一八世紀には南アジアや東南アジアでの主要な要塞兼備の商館のことである。

とはいえ、駐在するのは十数人の社員だけである。しかも要塞の防備だけでなく、時によってはライバル国による東インド会社への攻撃や略奪、現地の海賊からの防御を担った。その軍人も、一つの商館にはせいぜい一〇〇人程度に過ぎなかった。アジア全域の交易と支配を一手に行うのは、当時の東インド会社の力には余る事業であった。だから、ベンガル湾からマラッカ海峡、南シナ海に至るインド・東南アジアの海域は、もっぱら私商人、つまり形式的には東インド会社の「許可」を得た冒険家商人たちに一任されていたのである。

この私商人が「カントリー・トレーダー」と呼ばれる、アジアの海域を跋扈した貿易商人であった。その中には、後述するように、アルメニア商人たちも含まれていた。度胸と才覚と先見の明のある冒険家が、当時の西欧による海洋交易の必須条件であった。今でいう、本社と契約店とのフランチャイズ・システムであろうか。リスクとリターンはカントリー・トレーダーに、様々な情報と交易のネットワークは東インド会社に所属したのである。

父フランシス・ライトの植民地経営

フランシス・ライトは、イギリス東インド会社の一社員であった。しかし、実際にはマレー諸島、タイ、インドでの交易をかなり手広く、かつ勝手気ままに行っていたカントリー・トレーダーだったようだ。二三歳で南インド・マドラスの要塞商館の代理人として赴任し、三〇歳で当時の国際交易の中心であったスマトラ島の先端、アチェに滞在している。そして、一七七一年には、ペナン島の対岸に位置するケダに商館を設立するのだが、それはかなり強引であった。

それまで、イギリス本国の東インド会社本社もベンガル管区政府も、ケダの直接領有化には消極的であり、ライトに対してその領有についての指示を出さなかった。しかし、この州に内乱が起こると、ライトはケダの藩王スルタン・アブドゥラーの庇護を名目に、その代価としてペナン島を譲渡させた。さらにスルタンが島の返還を求めると、武力で威嚇して無理やりにメキシコ銀六〇〇〇ドルの年金を押しつけて、ペナン島を奪取してしまったのである。一七八六年のことであった。

ところで、ペナン来航時のライトの総勢はわずか三四名であった。当時一隻の商船にどのような職種の者が何人乗船していたか、植民航海の実態をうかがう史料がある。その内訳は、ライトの直属部下五名のほか、西欧の市民一四名、商人二名、酒保、船大工、船修理人、樽職人、入植者、仲買商人、鍛冶職人、大工、小売商人、操舵船士、造船技師、揚陸指揮官各一名であった。乗船していた「西欧の市民」がどのような者であったのか、仲買商人と小売商人の違いについては不明である。東インド会社の軍勢が後ろ盾にあったとしても、ともかくごく少人数で実質的に一つの島を占有したのである。

ライトが恫喝とカネと武力によってケダの藩王から分捕ったペナン島は、熱帯植物におおわれた原生林であった。

この熱暑の未開地をどう切り拓くか、わずかばかりのイギリス商館員やライトの配下では手に負えず、さりとて、現地マレー人は動かず、インド人や中国人のクーリーを使役できるのはまだ先の話である。彼は一案を講じた。「大砲に一鞄の銀ドルを装てんして処女林に打ち込んだ」（Goh Ban Lee, 1988）。

この銀貨を拾得するため、マレー人や英国商船のインド人傭兵セポイやインド人労働者が、競って森の中に分け入って開拓したという。ただし事実かどうかの確証はないが、このライトならばいかにもやりそうだとは思われる逸話である。彼はまた、ジャングルの開拓に「開発許可証（カッティング・ペーパー）」と、所領の境界を画定する「境界画定証（メジャーメント・ペーパー）」を乱発したから、その数年後には土地争いが頻発したという。やっと土地の区画が公的に行われ、所有権がある程度明確になるのは、ライト死後のことである。ともかく、イギリス植民地政府の高等行政官と工務部（ＰＷＤ）との連携による計画的な現地開発策を採った一八三〇年以前は、「斧が唯一の財産」の荒くれ者によるまったく無秩序な乱開発であった。このようなフランシス・ライトと対照的な評価を受けたのが、もう一人のライト、ウイリアム・ライトである。

子ウイリアム・ライトのアデレード

冒険商人フランシス・ライトには息子がいた。何人いたかは不明であるが、その一人がウイリアム・ライトである。彼も父に劣らず波瀾の人生を送った人物である。ペナン割譲の年一七八六年に、フランシスを父に、ポルトガル人とマレー人の混血女性マルチナ・ロゼルスを母として、ペナンで生まれた。彼もいわゆる東南アジアのユーラシアン、つまり欧亜混血の一人であった。クリミア戦争では騎兵隊士官として従軍し、さらに、エジプト軍の傭兵として砲艦を指揮した。その後の有為転変ののち、一八三〇年代には南オーストラリアの開発が始まると、貧窮の中でウイリアム・ライト大佐はアデレードに赴任する。

アデレードは今日、南オーストラリア有数の都市景観を誇り、整備された広大な公共公園でとくに有名である。この街の開発の始期一八三〇年代には、イギリス本国でも公共の空間・施設としての「公園＝パブリック・パーク」という概念が生まれていた。それまでの貴族・王侯の私有地である狩り場や農園ではなく、誰もが自由に憩いの場として共有できる緑の空間という発想であった。その具体的な施策を、測量技監としてウイリアム・ライトは実現した。

父フランシスが原生林の乱開発を指揮した植民地支配者として、その子ウイリアムは自然景観を配した植民都市の行政官として、対照的な評価を受けつつ、ライト父子はともにイギリス本国外で名を残している。

ペナン経略

話は少しさかのぼる。ライトの死後、イギリス人のリースとマカリスターが一八一〇年までペナン総督であった。この頃、ラッフルズもペナンに滞在していた。彼らは、一九世紀ペナンの将来像について、四つの壮大な戦略構想を描いていた。

それは造船所の設置、イギリス海軍基地の建設、国際中継貿易の拠点構築、そして東南アジアの天然資源、とりわけ香辛料・木材、錫や天然ゴムなど国際商品の独占であった。このような方策は、東南アジア海域圏の軍事的占有を推進するという、資源・政治戦略つまり海政学的な先見性であり、現代の国際政治・経済・社会情勢にも通じる重要な構想であった。

リースやマカリスターは、本国の東インド会社本社にこれらの案を熱心に建議する。

当時としては壮大で大胆な戦略構想も、しかしながら結局はついえることになる。なぜだろうか。その理由を東南アジア史家のスタッブス・ブラウンは「海軍基地および造船センターとしてのペナンの失敗」という論文で、以下のように説明している（MBRAS. 1959）。

造船所の設置については、ペナンやその周辺地域の木材は材質が悪く、船材としては不適であった。ビルマ産チーク材は船材に適したが、ラングーン経由でペグーから調達するには、経費がかかりすぎる。また船体に必要な鉄材・釘材・銅材はイギリス本国から持ち込んだのだが、輸送に時間がかかりすぎる。海軍基地建造については、イギリス本国からの距離が遠すぎる。こういった理由で、ロンドン本社も直属上位組織のインド領ベンガル管区政府も気乗り薄であり、いずれのアイデアも無視されてしまった。しかし、ペナンに対する消極的な評価は、そうした物理的・地理的な事情によるだけではなかった。むしろ、当時の西欧世界における覇権国家間の政略との絡みが大きかった。

具体的にはこういうことである。

一七九六年から一九年間にわたって、西欧各地で繰り広げられたナポレオン戦争でフランスが大打撃を受けたのは、トラファルガー海戦の敗北である。この戦いで勝利を収めたイギリスは、アジアを舞台とする商戦においても絶対的な有利を確信し、もはや辺境の小港ペナンに海軍基地や造船所を構築する必要性を認めなかった。加えて、植民地インドの統治に大赤字を出していた東インド会社は、もはやペナンにこうしたプロジェクトを推進する財政的なゆとりもなかった。かくして、これらの構想は実現しないままに消滅してしまった、というわけである。

結局、中継貿易と資源輸出——アヘンと香辛料と米、インドから輸入した綿布の再輸出品——の一大拠点として、その後のペナンは急速に成長していくことになる。

この四つの構想をすべて実現したのは、ペナン総督のリースやマカリスターではなく、そのアイデアを持ち込んだシンガポール初代総督のスタンフォード・ラッフルズであった。その時以来今日に至るまで、マラッカ海峡北端のペナン島ではなく、海峡の南端の小島シンガポールが、国際的な政治・経済の戦略拠点の地位を着々と固めて行ったのである。

歴史にイフはないが、もし当時のイギリス本国やペナンを直接管轄したベンガル管区政府が英断を示して、ペナンに海軍基地と造船所と国際的な商港を築いていたならば、その後のシンガポール国家は存在しただろうか。また、タイ、インドネシア、マレーシア、ビルマをめぐる東南アジアの国際関係は、今とは大きく変わっていたのではないか。

海と砲台

ペナンの重要性について、当時の海政学の視点からさらに概観しておこう。

一八六七年まで、ペナンが東インド会社ベンガル管区の一支庁に過ぎなかったことは述べた。形式的には「インドの一部」だったわけである。しかし、一八二六年にペナン、マラッカ、シンガポールが一つの海峡植民地《ストレイツ・セトゥルメンツ》として、英本国に直轄支配されるようになってから、イギリスは国際戦略の大転換を図る。すなわち海港・海域の支配を通じて、国際的な資源と物流と情報のネットワークを、一元的に独占する政策を取り始めたのである。これを海政学と呼んでおこう。その視点から、当時の要塞の意義をどのように読み取ることができるのか。

これまで十数度にわたってこの三都市を現地調査してきた中で、これらの小海都がいったいなぜ、歴史上重要であったのか、見えてくる「景観」がある。

三都ともマラッカ海峡に面しており、小規模で接近容易な入江と、三方向への展望という特徴を持つ。要塞とはいえ、シンガポールのセントーサ島、マラッカのサンチャゴ要塞（ファモサ）、ペナンのコーンウォーリス要塞のいずれも小規模で、備えも強大・堅固ではない。

ペナンの要塞はどうか。マラッカ海峡の北端に位置し、据え付けられた砲台は、西はスマトラ島、北はノース海峡を隔ててプーケット島、東は一・五キロ先のケダを向く。すなわち、インドネシア、タイ、マレー半島の要衝をにらむ。マラッカ海峡を通過して、ケダに接近するオランダやフランスの東インド会社の艦船、海峡を奔放に往来するブギスなどの現地海賊、そして南下してくるビルマやタイの王国勢力……こうした諸勢力を撃退し、マラッカ海峡に到来するイギリス東インド会社商船の風待ちを防御するには、ペナンの小要塞で十分に可能であった。

マラッカのサンチャゴ要塞も同様であった。海峡を挟んでインドネシアと最短の位置にあるマラッカは、海峡に点在し、複雑な入り江を持つ島々を監視することが可能であった。さらに、ケダから南進してくるライバル艦隊をよう撃でき、また高台にある要塞は、マレーの土着の統治者スルタンの軍勢を撃破するには十分であった。

シンガポールはどうか。セントーサ島は今ではリゾート地、複合娯楽施設の島として有名である。しかし、一九世紀末、この島をはじめ周辺の島々には多くの要塞が配置され、海港シンガポールはハリネズミのごとく防衛されていた。島々に築かれた要塞群は、シロソ（一八七四建造）、コンノート（一八七八同）、インビア（一八八五同）などで、そのうちセントーサ島に置かれたのがシロソ要塞である。この要塞だけは、第二次世界大戦を経て現在まで保存され、観光の名所となっている。いずれも要塞と

コーンウオーリス要塞（ペナン）

はいえ、低い丘に築かれた小規模な堰壕に過ぎない。だが、マラッカ海峡、ジャワ海、南シナ海のどの方向から侵入してくる艦船に対しても、撃退しうる地の利を得ていた。

もっとも、シンガポールの要塞群の構築の狙いは、マラッカやペナンとは大きく異なっていた。一九世紀末、大英帝国はすでに比類なき覇権パックス・ブリタニカを謳歌していた。しかし当時、英本国ではアフガニスタンをめぐる英露の戦争の危機がつのっていた。そのさ中の一八八五年、シンガポール在住の商人たちの要望を受けて、ロンドンの植民地利益団体の海峡植民地協会は、ロシアによる海洋進出の脅威を強く訴えていた。それを名目として、協会はシンガポールの軍備増強を本国に求め、一八八六年には、イギリスはブラカン・マティ島（現在のセントーサ島）の軍備強化に着手した。さらにその後、一八九〇年には六万ポンドの予算で兵舎と軍用施設を構築したのである。

マラッカ海峡南北のこれら要塞群は、建設の時期・位置・目的が異なってはいるが、ベンガル湾、インド洋、南シナ海の広い海域に対する戦略的ネットワークであり、マラッカ海峡を基軸とする、文字通りの点と線の防衛網であった。その意味で、小規模な要塞群ではあったが、一九〜二〇世紀初頭には最強の戦略的ポジションを占めていたといえる。

サンチャゴ要塞（マラッカ）

第二章　アジールの島

東南アジアは、多民族・多集団の社会である。今日のマレーシア連邦も、その一部であるペナン州も例外ではない。しかし、この小島ペナンになぜ多数の民族が到来したのか、その動機は何か、いったいこの島が人々を引き寄せた磁力というのは何であったのだろうか。そうした事情は、ほとんど明らかになっていなかった。この章では、ペナン島、とりわけ様々なコミュニティが凝集するジョージタウンという街の成り立ちとその背景から、人々の移動の事情を考える。

「アジール」を求めて

ここでは、ペナンをひとまず「アジールの島」と呼ぶことにする。

だが、「アジール」とは多義的で、説明困難な概念である。最近では、ＵＮＨＣＲ（国連難民高等弁務官事務所）などの国際機関や、難民・人道問題に携わる国際的なＮＧＯでは、英語の「アサイラム」という用語で知られている。アサイラムとは、様々な事情で余儀なく故地を追われた人々が、一時的に身を置く場、避難場の意味で理解される。フランス語やドイツ語で「アジール」といい、わが国ではこれまでの専門的な研究の経緯からこの用語で知られる。

アジールという概念が多義的なのは、その言葉が負う歴史的・社会的な背景によるところが大きい。自然の大災害や異常気象、疫病、戦災や内乱、民族間・宗教間の対立などを要因に、安息・安住を求めて避難する空間・場のことである。だが、場合・状況によっては、より良き生活の場を得るための移住地という経済的な動機もあれば、風待ち・潮待ち・雨待ちなどの一時的な「寄り場」のこともある。

ペナンという島は、古来、大きな戦乱や自然の大災害に襲われたという記録がなく、一部の沿岸地を除いて、原生林の中に現地民の集落が点在する、穏やかな環境にあったと考えられる。そもそも、イギリスが支配する以前から大きな交易の場であったわけでもない。やがて、フランシス・ライトの上陸を契機に、島外から多様な社会集団（エスニック）が、様々な事情を背負って、この島に安住を求めて到来したのである。

「居留地」というアジール

フランシス・ライトは、民族・宗教・言語・慣習などが異なるエスニックごとの棲み分けを意図したわけではなかった。ジョージタウンは、当初から政策的・計画的に設計された行政街区ではなかったのである。しかし、この街並みをよく見ると、ある種のパターンがうかがえる。海峡に面した島北端のコーンウオーリス要塞は、イギリスによる海峡北端の最初の支配の拠点であった。それに面して、西欧人の居住・行政地区のライト通り、ビショップ通り、グルジャ通りが順次北から南へと続く。これらが西欧人専住の「居留地」であり、それに続いて、華人商人たちに払い下げられた華人通り、インド人移民が集住したチュリア通り、アルメニア商人たちが買い取ったアルメニア通り、スマトラ島北端アチェ出身者が住みついたアチェ通り、インド人移民に下賜されたジャメ・マスジド・カピタン・クリン通り（旧ピット通り）、それからポルトガル系ユーラシア人の移住したシントラ通り……と広がっている。要塞に近い地区から順に、南西方向へ延びており、それは意図的・強制的に居住を割り当てたものではなかったが、東インド会社への貢献と彼らの果たす役割に応じて自ずと形成された区画割りとなっていた。

最も初期の街区は、東西に走る目抜き通りのライト通りとチュリア通り、南北のビーチ通りとピット通り、それらに囲まれたわずか五〇〇平方メートルの広場に過ぎなかった。その後、移民の激増に伴って街区は広がったが、それでも一世紀後の一九世紀末でも最大六平方キロであり、そこに四万人もの移民がひしめく超過密空間であった。

これらの街区には、住み着いたそれぞれの集団に特徴的な建築物の様式や標識、街の雰囲気が随所に残っている。それらの歴史・文化遺産の記念物については、二〇〇八年の世界遺産登録をきっかけに、史跡の掘り起こしと保存、伝承と史実の再現が始められた。

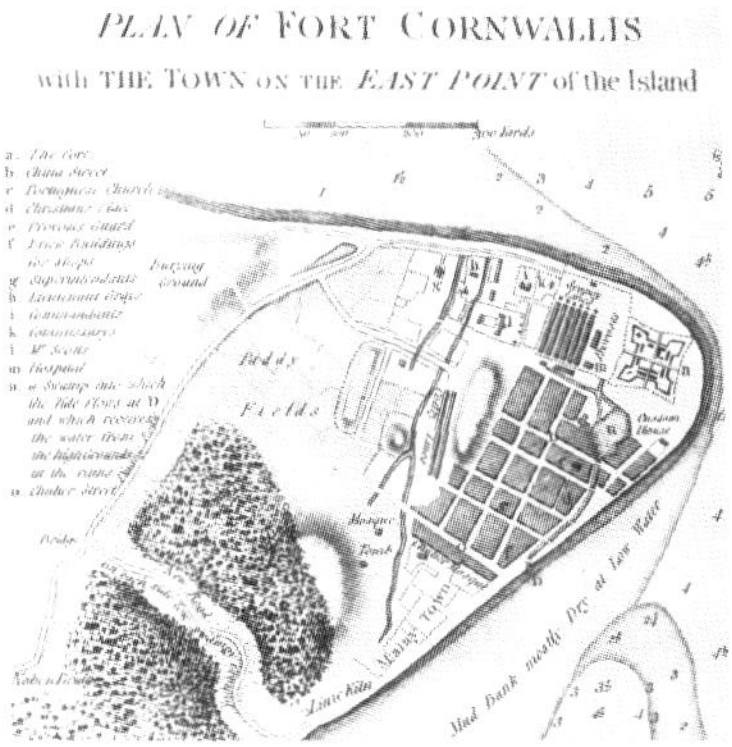

1792 年ジョージタウン図

流刑囚の「遠島地」

フランシス・ライト上陸の地は、島の東北部、現地のマレー人が鉄樹の岬、タンジュン・ペナガと呼ぶわずか一平方キロばかりの岬であった。そこはマングローブの繁茂する湿地帯であったが、瞬くうちに干拓されて、居住地としての町並みがわずか数年のうちに整い始めた。

その労働力を担ったのは、もっぱらインド・ベンガル管区の首都カルカッタから送り込まれた流刑囚であった。シンガポールやオーストラリアなど、植民地開発の実質的な建設の担い手は、多くの場合、本国や他の地域からの囚人労働者であったことは周知であるが、ペナンもその例外ではなかった。

ペナン領有二年後の一七八八年、すでにベンガル管区政府は、インドの長期刑囚人をペナンに「遠島」することを決めていた。一七九〇年には、刑期七年以上の北インドの徒刑囚二〇〇名をペナンに送り出している。それ以降は、南インドのマドラス港からも囚人が運ばれ、彼らはもっぱら市街の建設労働に駆り出された。一八六七年にイギリスの直轄植民地となったペナン、マラッカ、シンガポールは、インドからの主要な流刑地として知られる。一八四五年までには、一五〇〇人の囚人が送り込まれて、「インド版流刑囚収容所」と呼ばれるようになった。それはオーストラリアのシドニーが、当初はもっぱらイギリス本国の流刑地であったように、ペナンやシンガポールがインドからの囚人流刑地となったからである。

スリランカ出身のP博士は、建築工学の専門家として、現代の都市建築の設計を行っている。同時に、マレーシアやシンガポールの都市建築遺跡の研究を続けており、ペナンのインド人やアルメニア人コミュニティの史跡についても詳しい。同氏の調査によれば、ペナン開発の主要な労働力は、インドからの囚人であった。彼らはレンガを焼き、漆喰をねり、道路を開削し、港湾を広げ、教会や要塞、商館、港湾施設などペナンのほとんどの建築物を構築した。中でも、彼らが従事した大工事の一つは、水路の建設であった。それは、ペナンヒルから市内に達する六キロに及ぶレンガ造りの強固な建造物で、ペナン初期の最大の公共事業であった。市内に定住する西欧人向けの生活用水とペナンに寄港する蒸気船の動力源として、真水の確保は重要であり、英国東インド会社がシンガポールよりもペナンを拠点とした重視した要因でもあった。

ライト上陸間もないペナンは、マレー人がアタップと呼ぶニッパヤシの葉葺きの小屋が点在する「未開の地」に過ぎなかったが、やがて間もなく素焼きレンガ造りの「近代的都市」に変貌していった。そうした変化の直接の担い手がインド人囚人であった。

かくして、ペナン島北東の一角に急造の街が生まれ、ジョージタウンという結構な名がつけられた。だが、街の造りは小さく、南北に走る二本の赤土の舞い上がる大通りを除くと、狭く短い数本の路地だけであった。

植民都市の防人たち

インドから遠島された囚人のほかに、さらにまた、当時の東インド会社にとって、島の防備・治安に重要な役割を果たしたインド系の移民たちがいた。「ベンガーリー」と呼ばれたベンガル移民と「パンジャービー」と呼ばれた移民である。彼らは、南インド系の海商集団よりもずっと少数の移民であり、しかも彼らとは対照的な役割を担った集団でもあった。

インドのベンガルとマレー半島やタイとは近接しており、より多くの移民が生じても当然と思われるが、ペナンという地では、南インドからの移民に比べて、ベンガル移民は少ない。なぜだろうか。おそらくは、ガンジス川の生み出した肥沃な大地が、ベンガル人に対しては移動よりは思索に、実利よりは文理に生きるすべを見いださせたというべきだろうか。あるいは、ベンガルの海商は湾を南下西行して、直接に西アジアと通交していたのだろうか。

他方、インド西部からの「パンジャービー」なる移民も少数ではあったが、イギリス植民地政府にとっては枢要な集団であった。それは、華人や南インド人あるいは他の移民集団に対して、植民地政府の「法と秩序」を維持する「防人」としての役割を与えられていたからである。彼らはターバンを頭に巻き、ひげをそらず、偉丈夫の男性のイメージを喚起するが、近代以降今日までインドでも軍人や警察官、鉄道技術者の多くを輩出している。

彼らのペナン到来は、他の移民集団に比べてかなり遅く、マドラスからの警察官移民に遅れること半世紀の、一八八一年のことである。一九世紀前半は、華人移民集団同士の錫鉱山採掘権と移民の口入れ権をめぐる紛争や華人労働者同士の抗争が頻発し、植民地政府の頭痛の種であった。そうした問題に対処すべく、イギリス人将校スピーディーが、インド北西部から予備役として徴募したのが、シク教徒のパンジャービーであった。彼らはその役割と功績により、一八九七年にイギリス国王ヴィクトリア女王の即位六〇周年を記念して、レボ・ブリック・キルンレンガ造り通りの一角を譲渡され、兵舎を、さらに、その後にはグルドワラ（シク寺院）の建設を認められた。

のちにもう少し詳しく述べるが、ベンガル湾を舞台としてきた有力な南インド系の海商とは別に、南インド系の他の商人たちも、ごく少数ながら存在した。彼らは、マレー人から「マラヤーラム」と呼ばれていた。マラヤーラム地方とは、南インド西部のアラビア海沿岸部、南インドの一州ケーララ州に当たる。このマラヤーラム地方の出身者が多かったためである。彼らはアラビア海を南下し、南インド南端部のコモリン岬からセイロン島のゴールなどの港市を経て、南インド東岸を周回し、そこからさらにベンガル湾を横断して交易に従事していたのである。

ベンガーリー・モスク

苦力たちの「人足寄せ場」

一九世紀半ばには、ペナン島とは海峡を隔てた、マレー半島のセランゴールやペラクで錫鉱山の開発が全盛となる。すでにマラッカやシンガポールには、古くから定住していた「海峡華人《ストレイツチャイニーズ》」のほかに、新たに広東・海南・潮州など中国の沿岸各地からも、年間数千人規模で殺到した。彼らは、一八世紀以前に到来した古参の華人移民に対して、新参者の移民という意味で「新家《しんけ》」と呼ばれた。

錫採掘だけでなく、さらにゴムや紅茶やコーヒーの大農園にも、緊急かつ大量に働き手が必要であった。自給・自足のマレー人は、こうした労働に適さないことは、植民地支配者には自明であった。必要な労働者を、中国とインドから調達しなければならなかった。それが「年季契約移民」という名の、奴隷に近い労働移民であり、中国では「猪《ちょ》仔《し》」と呼ばれた。

年季契約移民とは、植民地の支配者にとっては便利で、移民を送り出すリクルーターにとっては利益のある、そして当の移民にとっては過酷な、奴隷制度に似た徴募制度であった。

一八三四年にイギリスでは奴隷制度が廃止され、その規定は英領全域に適用されることになった。世界各地に植民地を抱えるイギリスは、奴隷制度に代わる、安価で大量の労働力を調達する方法に迫られた。それが「インデンチャー・レイバー」つまり「年季契約移民」の制度であり、中国本土や南インド内陸部で実施されたのである。

要は、植民地の現地官僚である英人が、支配下にある中国やインドの代理人を通して、労働者を募る方法であった。条件は、一定期間——たいていは五年間であったが——現地で肉体労働に従事する、その間は住居・食事・医療の扶助が与えられる、現地までの渡航費は雇用主が負担する、ただし、彼らが雇用期間中に脱走したり、仕事を放棄したりすれば、罰則が加えられる、といった条件であった。植民地政府が保証し、移民送り出しの現地代理人——

彼らはもっぱら現地事情に通じた中国人であり、第四章で述べる秘密結社、会党の頭目やインド人の頭目タライ・バンであった――と移民との間に「契約文書」が交わされるのであるが、肝心の賃金と身分保障はあいまいであった。何よりも、文字が読み書きできない、ほとんどの移民希望者にとって、契約書は意味のない紙切れに過ぎなかった。実際、現地での過酷な労働に耐え切れない者が続出した。年季明けの保障もなく、実態は奴隷に近い状態であった。さらに、男ばかりの移民労働者の「要求」を満たすべく、多くの売春婦もほぼ同時に中国本土から送り込まれた。しかし、イギリス植民地政府は、自らの手で、自らの法で彼らを規制するのではなく、移民を徴集してきた華人やインド人の頭目に管理・支配させたのである。それがのちに述べるカピタン制度であった。

おしよせる華人移民たち

一九世紀にはいると、囚人労働者だけではなく、アジア各地、とりわけ中国とインドから海を渡って続々と新手の集団が到来した。

ペナン開拓史の中で、最も初期の移民集団で、しかも最大のコミュニティは華人である。彼らの中でもとりわけ多かったのは、福建、客家の移民であった。当初彼らは漁師や雑役として、イギリスやオランダの東インド会社に雇われ、そして次第に、大小の華人の海商や植民地会社の買弁（ブローカー・仲介業者・請け負い人）として働く者も増え、さらに彼らに伴って職人・小商人など各種の職業に就く者も出始めた。彼らは東インド会社にとって、きわめて便利で不可欠な存在であった。マラッカ海峡を往来していた英人のジョン・ターンブルがそのことを、一八六五年に端的に述べている。

まずは（華人の）請負人が家を建て、次にその兄弟が家具を作り、別の兄弟が服を仕立てる。さらにその親戚が召使を見つけてきて、ヨーロッパ人の食事に必要な具材をすべて市場で調達してくれる……。

一八世紀末にはわずか千人足らずであったペナンの人口は、一八五八年には六万人にも増大し、マレー系二万人、インド系一万二〇〇〇人に対して、華人が二万八〇〇〇人を占めていた。

東南アジアへの中国系移民いわゆる華人の歴史は古く、はるか一〇世紀以前にさかのぼる。もっとも、集団で移住し、移住地に彼らの利害を守るための組織を設立したという記録が残っているのは、一九世紀の初めである。一八〇一年に設立された客家の相互扶助組織、ペナン嘉応会館であり、それがペナンでは最古の組織である。

さて、二〇世紀以降の移民の多くは、新たに中国からやってきた集団だけではなかった。英領マラヤ国内や東南アジアの各地域からのいわば域内移動も盛んとなった。その背景には、一九一〇年三月一〇日に、衰亡直前の清朝が奴隷制度を廃止し、併せて人身売買も禁止するという布告を出したことも一因である。これまで清国政府が黙認していた奴隷状態に近い移民が、一応は規制されることになり、中国本国からの移民労働の「微達」がおおっぴらには難しくなったのである。

華人移民の中でも一部の大商人や農園主は別として、徒手空拳の移民

大工職の同業会館、魯班古廟

にとって、頼れるのは同郷の雇用主と仕事仲間のネットワークである。その結束の組織が、一般に帮《ぱん》と呼ばれる同族・同郷・同業・同縁の組織であり、実際の結束の場・建物が公祠《こんす》・会館であった。彼らはこうした組織・場を通じて、情報交換と相互扶助を行ってきた。そうした建物と人と情報が集中する地域、がジョージタウンの中心地区に形成された。当初は「華人通り」に、やがて野火のように島の各地に広がっていった。

華人移民は植民地支配者にとっては重宝だったが、従順であったかどうかは別である。一九世紀後半には、中国人同士の、あるいは他の移民集団を巻き込んだ紛争が、マレー半島およびペナンの各地に頻発するのであった。それらの多くは、秘密結社による械闘と呼ばれる紛争であった。その根っこには、同族・同郷・同業を紐帯とする複合的な結束があった。

法難を逃れたカトリック教徒たち

一八〇三年作成のジョージタウン市街図には、北から順に六本の目抜き通りが記されている。ライト通り、司教通り、教会通り、華人通り、マーケット通りそしてチュリア通りである。そのうちライト通り、司教通り、教会通りは西欧人植民者の居留地であった。

ライトはこの島に上陸し、森林を切り拓くや、ただちに湿地を埋め立

金細工師の同業会館、ペナン打金行

て、彼らが居住するための町並みを築いた。コーンウォーリス要塞に最も近いライト通りはその名残であり、初代支配者のフランシス・ライトは開拓のパイオニア、最大の功績者として、自らの名を通りに冠した。

その南の司教通りは、司教《ビショップ》アントワーヌ・ガルノーに因んでいる。彼はフランス人のカトリック司教であった。当時、フランスとイギリスの両国は、本国同士だけでなく両国の東インド会社も、インドや東南アジアでの交易利権をめぐって、つばぜり合いを繰り広げていた。こうした関係にありながら、ライトは司教とその宗派に対して、ジョージタウンの中心部での居住を認め、手厚い保護を加えている。実はこの背景には、当時のフランス・オランダ・イギリスそして当時のシャム（タイ）の政情と宗教事情が複雑に絡む。

イギリスによるペナン領有の一五〇年前、インドネシア諸島を領有していた全盛期のオランダは、一六四一年にはマラッカを占領した。すでに国際的な海港として知られていたマラッカでは、それ以前から、ポルトガル人の男性と現地人女性との間の混血、ポルトガル系ユーラシア人が定住していた。彼らの多くはカトリック教徒であった。現在もなお、マラッカの東郊にある観光地「ポルトガル村」は、彼らの父祖の伝統を残している村（カンポン）である。

新参の支配者オランダ人は、プロテスタント新教徒であり、仇敵カトリック教徒の弾圧を開始した。これを逃れたカトリック司祭と信徒の集団は、信教の自由を求めて、シャム領のプーケット島とタイに接するマレー半島東部ケダの地に逃げのび、ひとまずは信仰と生活の安住の地を得た。その数約八〇家族であったといわれる。

しかし、一七八二年、シャムの歴史を変える大政変が起こった。シャム

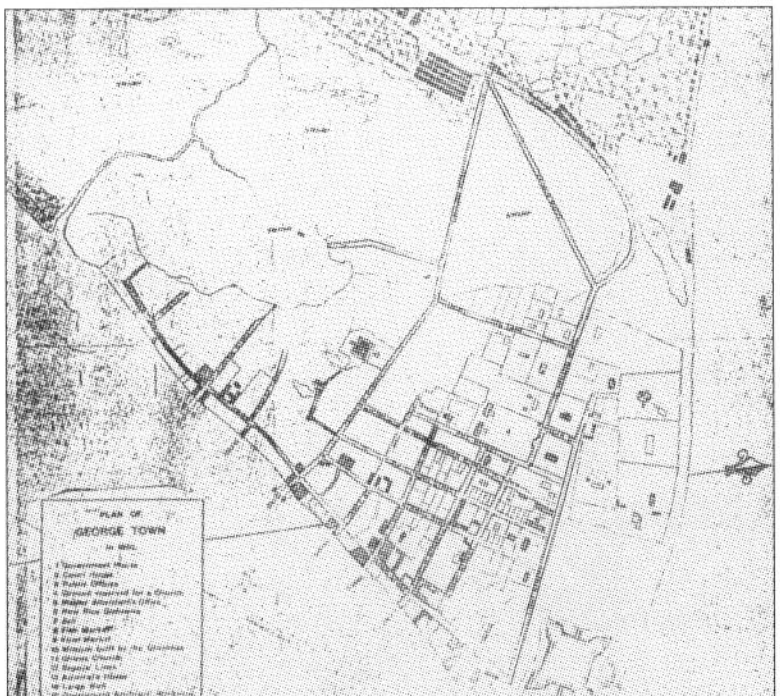

1803年ジョージタウン市街図

のトンブリー朝の軍司令官チャクリが造反し、バンコクに新王朝チャクリ朝を樹立した。現在に続くラタナコーシン朝、ラーマ一世の誕生である。彼は中央集権国家を目指してシャム人の結束を図り、そのための国是として、仏教の理念と布教の強化を始めた。さらにビルマ、カンボジア、マレーなど周辺諸地域に支配の領域を拡大していった。こうした政変と宗変の中で、自由の天地であったはずのプーケットやケダからも、カトリック信徒のユーラシア人は追放され、新たな安住の地を目指して逃れざるを得ず、当時ケダにいたライトに救済を求めた。

一七八六年八月一一日、ライトは商船スピードウェル号をケダ港に差し向け、ポルトガル系ユーラシア人一一家族を乗船させた。一行は八月一五日、聖母被昇天の日に辛うじてペナンに上陸し、ライトの計らいで、領有間もないジョージタウンの一つの街区を割り当てられた。司教アントワーヌ・ガルノーの僧位を冠した街、それが今日の司教通り《レボ・ビショップ》である。

安住を求めたユーラシア人

カトリック教徒でもなく、とくに深い信仰心も持たず、ましてやフランスの東インド会社と激しく対抗していたライトが、なぜこうした特別な配慮を、フランス人司祭やカトリック信徒に与えたのだろうか。

前述したように、ライトの妻マルチナ・ロゼルスは、ポルトガル人とマレー人の混血であるユーラシア人であった。この年一七八六年、二人の間に、後にオーストラリアのメルボルンで活躍することになる息子ウイリアム（第一章参照）が誕生する。彼個人のこうした情実が、迫害を受けたカトリック信徒とりわけ少数派のユーラシア人信徒への配慮となったのではないか、とも考えられる。もっとも、彼にはフランス人に対する特段の好意や共感はなかったことは明らかだ。なぜなら、翌一七八七年にフランス人司祭がペナンを去ると、ライトはベンガル管区への報告の中で

「フランス人は政治屋だ。ポルトガル人の神父のほうがどれだけましなことか……」と非難がましい報告を送っている。フランス嫌いであったためか、あるいはポルトガル人とのもっと生臭い利害関係があったのか……そのあたりの「国際関係」をめぐる駆け引きは、史料からは窺えない。ともかくライトは、タイの侵攻から逃れてきたフランス人神父とその信者たちに、格別の恩恵を与えたことは事実である。そしてその後、東インド会社もイギリス植民地政庁も、ポルトガル人の末裔やユーラシア人に対して、迫害を加えた形跡は史上見いだせない。

ユーラシア人と呼ばれた人々

さて、東南アジアにおける移民の中には、イギリス人に準じた地位と待遇を享受していたユニークなコミュニティがいた。彼らはユーラシア人、アルメニア人、日本人である。ここではユーラシア人について述べておく。

ユーラシア人とは、東南アジア・インドの植民地支配が生み出した、独特な社会集団であった。

イギリス東インド会社社員の中には、その家族を商船に乗せ、あるいは出先の商館に呼び寄せたりする者もいた。だが、それはある程度現地での支配が安定した一九世紀後半のことであり、しかもごく少数であった。それ以前は、ほとんどが男性だけの長期航海であり、ましてや一五～一六世紀のポルトガル商船艦隊やオランダ東インド会社商船の遠征は、文字通り植民地開拓の先兵であったから、女性を同道することはなかった。

一六世紀初期の南インドの都市サントメやゴア、マラッカ海峡の港市マラッカなどのポルトガル領では、やがてかの地にそのまま滞留する者が現れた。ポルトガル艦隊の下士官や食客あるいは従者、ポルトガル人の逃亡者などである。このように現地に滞留する居留民の中で、現地のインド人やマレー人をめとる者が現れ、彼ら現地化したポルトガル系居留民はカサードと呼ばれた。その後には、オランダ商船やその関係者の中にも、現地マレー人の女性と通婚する者が現れた。ポルトガルやオランダのヨーロッパ人男性と現地マレー人女性との混血者は、彼らの間でユーロ＝アジア人という意味で「ユーラシア人」と呼ばれていた。インドでは、もっぱらイギリス人男性とインド人女性との間の混血者が「アングロ・インディアン」と呼ばれたが、マレー半島やタイ、インドネシアでは、彼らもユーラシア人のグループとみなされた。

一世紀余にわたって定住した、ポルトガル系ユーラシア人の末裔は、一六四一年、オランダによるマラッカの占領後、マラッカから逃れてタイのプーケットやマレー半島のケダに定住した。しかし、タイにラタナコーシン朝が勃興すると、彼らはこれらの地も追われて、さらに新たな安住の地を求めなければならなかった。その地が、フランシス・ライトによって新たに開拓されたペナンであった。

司教通りのもう一本南の筋のグルジャ通り、通称教会通りについても、やはり当時の宗教事情との関連で触れておかなければならない。

ポルトガル語でイグレジア igurejia とは「教会」であり、それがマレー語に転じてグルジャと呼ばれた。司教通りに隣接するこの通りには、タイの迫害を逃れて上陸した日を記念して、ユーラシア系のカトリック信者によって、後に聖母被昇天大寺院が建立されることになる。この教会に因んで通りが命名されたのである。

しかし、一九世紀にはいると、繁華な商業地となり、華人がどんどん乗り込んできた。やがて先住のユーラシア人たちは、新たな安住の地を求めて、そこから一キロばかり西、E＆Oホテルの南、今日のスルタン・アフマッド・シャー通りに面したカトリック墓地に、教会を建てて移り住んでしまったという。

その後の教会通りは、有力な華人商人の交易の場となり、さらには華人の秘密結社として名を馳せた義興会の本拠となった。やがて台頭してくるライバルの秘密結社、海山会と対立し、錫鉱山の開発利権と鉱山労働者の獲得をめぐって、一世紀にもわたって血で血を争う抗争の舞台となるのであった。

インド人海商の「風待ち港」

かつて一九～二〇世紀半ばまでは、チュリア通りは華人通りに次いでペナン第二の繁華街で、全商店の二割がこの通りに集中していたという。それらの商店の所有者は、地名のチュリア、つまり南インド出身ムスリムの広域海商であった。

もっとも、チュリアがこの地区を占有するのは、一八一〇年頃からであり、それ以前にはもっぱらマレー人の居住地で、華人、インド人、西欧人はこの地区にはいなかった。その当時の建物といえば、ニッパヤシの葉アタップで葺いた簡素な家屋で、モンスーンの風待ちをするブギスやマレー、アチェの交易商人たちが、年に数カ月滞在するための借家であった。チュリア通りとこれに隣接するアチェ通りはともに、ペナン最大の名士であったマレー人のトゥンク・サイエド・フサイン所有の土地であったが、一八一〇年以降の人口急増に応じて、マレー人は他の地域に移り、代わってインド商人たちがこの地の住人となっていった。本来、マレー人もアチェ人も、この地に商用や定住の施設を持たなかったから、インド商人やその後の華人の進出によって、たちまちに駆逐されることになった。

イギリス側の資料によると、華人やチュリア、ベンガル商人が激増するのは、一八一〇年以降のことである。この年の人口統計によれば、ペナンの総人口一万三八八五人のうち、マレー人が二〇六九人に対して、チュリアとベンガ

アチェ・モスク

ル商人五六〇四人、華人五〇八八人、ポルトガル系ユーラシア人が七九〇人であり、インド系の商人が四〇パーセントを占めていた。一八二二年には、総人口は一万三七八一人であり一八一〇年時と大差はないが、その内訳では、マレー人三三六七人に対して、チュリアのみで四九九六人、華人三三一三人であり、チュリアが約三五パーセントを占めていた。この通りはやがて海岸通りから西へ延びてペナン大通りに至る、ペナン市街最長、約二キロの商店街を形成している。

南インドのムスリム商人が、彼らの結合と信仰の象徴として建立した施設が、この地区に残っている。それはナグール・モスクである。一八〇〇年初めに建てられたものである。

ナグール（ナゴール）とは、南インド・タンジヤヴールの小都市で、南インド様式のモスクが建てられている。イスラーム教ではあるが、その祭礼にはヒンドゥー教の様式も取り入れられ、両宗教の信者によって崇拝されている。この地はチュリア商人の出港地であるナガパッティナム港に近く、多くの南インド出身の海商たちが、この地から東南アジアに渡った。その証左としてモスクが建立された。

一九世紀初期からは、この地区にも華人が進出し始めた。

一八一九年には、広東連合会館がこの地区に建てられ、その教育組織としてマレーシアで最初の華人学校、五福書院が設立されている。さらにそ

ナグールモスク

の後、対岸のウエルズリ州のゴム農園の経営で功なり遂げた潮州出身者が、一八七〇年には女王通りとチュリア通りの交差点に、同郷会館兼寺院の「潮州会館」を、一九三〇年代にはそれに隣接して「潮商会館」を設立した。かくして、マレー人を押し出したインド商人は、華人商人とともにこの地区で、競合的共存の場を形成することになる。そしてまた、ほんの一時期であるが、日本人会館もこの地区に安息の場を設けていたのである。

五福書院

記憶喪失の街、アルメニア街

アルメニア人は、他のヨーロッパ系移民やユーラシア人とは、際立って異なる。それはヨーロッパ人移民のほとんどが単身の男性による移住であるが、アルメニア人の場合には、家族同伴での移民が一般的なことである。それはユダヤ移民と同様に、アルメニア人が歴史上繰り返し民族存亡の危機に見舞われ、集団でのディアスポラ、民族離散に直面してきたからである。彼らは西欧植民地勢力の間隙を縫い、あるいは随伴しつつ、イランのニュー・ジョルファを出発点に、アラビア海・インド洋・ベンガル湾を渡って、インドのカルカッタとマドラスに到達し、さらにマラッカ、シンガポールそしてペナン、ジャワ島のバンテンや、さらにはバタヴィア、スラバヤ、そして香港、横浜、神戸にまで着々と交易の足場を固めていったのである。第六章では、ペナンにおけるアルメニア人コミュニティの足跡と彼らの活躍について、詳細に述べてみたい。

「アルメニア通り」の名は、今も街路の壁面に刻まれ、道路標識に明示されている。道幅わずか六メートル、北東から南西に走るバス道の海岸通り《レボ・パンタイ》とカーナボン通りの間に、東西わずか三〇〇メートルほどの小路が通じている。それがアルメニア通りである。

一八〇〇年より以前、まだアルメニア通りの名がつく前のころである。この一帯にはマレー人の村カンポンがあり、マレーガト・レボ＝マレー築港路と呼ばれていたらしい。一八〇三年の地図にはアルメニア通りの地名が残っているから、そのころにはすでにアルメニア人が関わっていたことは明らかだ。

一八一〇年には七〇人、一八二二年には二二人のアルメニア人が、イギリス東インド会社の商館報告に記録されており、同年には、司教通りの一画にアルメニア教会が建てられていたという。

オーストラリア在住のアルメニア人、ナディア・ライトの調査（二〇〇三）によれば、どうもこの地区にアルメニア人が住んでいたのではなかった。ペナンに滞在していた十数名のアルメニア商人のうち、ヨハネス・ナルシス、マルコム・マヌーク、グレゴリー・アラトゥーンなど九名の有力商人が、家屋・土地などの不動産に投資をしていた。それらの多くが、今日のアルメニア通りに集中していたらしい。ただこの街区には、アルメニア人の居住していた痕跡が一向にみあたらない。実際、西欧風の家屋や、アルメニア街にはたいてい見られる独特の様式をもつ教会は、取り壊されて今はない。アルメニア人の相貌をとどめた人もいない。彼らはその後一〇年の間に司教通りから他の地域へと移り住んだという。実際に彼らが居住していたのは、もう少し東のビーチ通りやノータム通りの閑静な高級住宅地であったらしい。ただ、ジョージタウンの西には、今もアラトゥーン通りというアルメニア人の名を戴した地名が残っている。

さて、この通りにはいつのころからか華人が住みつき、以来今日に至るまで、典型的な中国風ショップハウスが残っている。華人は、この通りを「打銅街」と呼びならわしており、食器や家具などの鍛冶職人の街であった。その名残なのか、鉄工所や自動車修理工場や倉庫が今も数軒、この通りで営業を続けている。

第二章

コスモポリス誕生

マラッカ海峡には、多数の島が点在する。その島の一つひとつが海峡の歴史の流れの中で、独特な生態系と社会を形成し、独自の経済構造や文化の様式を保ってきた。ただ、ペナン、シンガポールは例外である。これらの都市に共通するのは、マラッカ海峡の島に位置する海港都市、きわめて狭い空間に凝集された「近代アジアの人工都市」であり、アジアと西欧の多様なコミュニティと文化が融合し混交し、併存してきたミクロコスモスという特徴であった。

その典型例が、ペナンの北西に形成されたジョージタウンである。そこに集住した主なエスニックを中心に、彼らの出自とコミュニティの形成を紹介する。

共存するエスニック

ライトが植民地開発する以前から、様々な社会集団がペナン島にやってきた。それらの集団の一つ一つを「民族」という用語でくくるのが妥当か、「エスニック」といえばよいのか、迷うところである。民族という概念は多岐にわたり、近代以前の対象によってはあいまいな意味となる。エスニックという用語が、むしろ今日では一般的だが、特定の集団をひとくくりにするには、これも無理がある。ひとまずは主な集団ごとに「〜系」と総称しておくことにする。その集団にはさらに、出身地・言語・宗教・慣習などを共通の絆とする、多くの小集団が含まれる。到来の順序やいきさつは不同であるが、その主な集団・コミュニティの通称とそれらの成員を挙げておき、さらに、彼らの出身地や言語・宗教、慣習・掟、移住の経緯あるいは集団としての特徴などを概観しておきたい。

今日では、西マレーシアつまりマレー半島の住民構成について、一〇年ごとに行われる国勢調査では、詳細な部族・民族別の分類を行っていない。しかし、基本的にはここ一世紀にわたってマレーシアの民族構成には大きな変化が見られないので、一九八〇年の国勢調査から、マレーシアがいかに多様なコミュニティから成り立っているのか、概観してみる。ここでは、「〜族」という表記を使わずに、一応「〜人」という用語で統一しておきたい。

マレー系：マレー人／インドネシア人／ネグリト人／*ジャカン人／*セマイ人／*セムライ人／*テミア人／その他の先住民（*を付した先住民＝オラン・アスリ以外の少数先住民）その他のマレー人

中国系：福建人／広東人／客家人／潮州人／海南人／江西人／福州人／興化人／その他の中国人

インド系：インドタミル人／マラヤール人／テルグー人／シク（パンジャーブ・シク教徒）その他のパンジャーブ人／その他のインド系／パキスタン人／バングラデシュ人

2010年マレーシア国勢調査票

スリランカ・タミル人／その他のスリランカ人

その他：タイ人／ベトナム人／その他のアジア人／ユーラシア人／西欧人／その他

マレー半島に定住するコミュニティと、ペナン島の住民とは重なる点が多い。ペナン島の中心地ジョージタウンを中心に、アジア・西欧出身のコミュニティと彼らの特質について概観する。

中継海域と海洋の民

最も古くから、ペナン島に定住あるいは往来していたアジア系のコミュニティのうち、マレー人を別とすれば、インドネシアの島々からの到来者であろう。だが、マレーシア政府の統計分類では、「その他のアジア人」に区分される。その他のアジア人の多くは、実は近隣のインドネシア諸島の住民たちであった。

ベンガル湾と南シナ海、ベンガル湾とアラビア海を結ぶのは、東西の大海洋ベルトのインド洋と、南北の小海洋ベルトであるマラッカ海峡であった。マラッカ海峡は、こうした海域と東南アジア大陸部とを接合する、海洋間・海陸間の中継ゾーンの役割を果たしてきたといえる。大小の海洋ベルトが結んだのは、一五～一六世紀に繁栄を迎えた東アジアの明帝国、南インドのヴィジャヤナガル帝国、西アジアのオスマントルコ帝国やサファヴィー朝ペルシアであった。しかし、こうした海洋ベルトを通じての交流の主役は、前記の大帝国ではなく、海洋ベルトに点在し、数平方キロの小地域を領域とする、海洋都市国家つまり港市であった。それは、外国製品への関税と中継貿易と内陸部の原産品の輸出業を生業とした。点在し孤立しているかに見える港市群を結合したのが、地域民族である海洋の民であった。

大小の海洋ベルトが交差するペナンの海政学的な位置からすれば、多種のコミュニティが到来し、混住するのはごく自然なことであった。それらの中でも、とりわけ著しい交易活動を展開したのがアチェ、ミナンカバウ、ブギスなどのコミュニティであった。

この三つのコミュニティに共通するのは、いずれも不定期な移住・移動の慣行を持つ点、また農・商・漁の複合生業という点である。それは農業だけで生活するにはあまりにも土地が狭く、外に乗り出すことで活路を見いださざるを得なかったという、自然環境上の条件もある。だが、常に外洋の経済や文化の刺激を受けてきた社会的・歴史的環境も大きい。

アチェは、インドネシア諸島のひとつスマトラ島の北端に、ミナンカバウは、同じスマトラ島の中部高地に、またブギスは、スラウェシ（セレベス）島の南西半島に定住した。アチェの地は、アンダマン海、マラッカ海峡、インド洋の三つの海域の接点で、東南アジアでイスラーム教を最も早く受容した先端地であった。

ブギスは焼畑・水稲耕作を行うが、また造船術・航海術・戦闘術を得意とし、その能力を生かして、しばしば傭兵・海賊・交易を兼ねて海洋ベルトで活躍し、マレー半島のリアウやスランゴールにまでコミュニティの勢力圏を拡大している。

ミナンカバウは、ムランタウ（出稼ぎ）の慣行によって、高地の農業地

ブギス交易図（シンガポール国立博物館）

帯から川を下り、マラッカ海峡を渡り、マレー半島のヌグリセンビランまで、彼らの移動・定住圏を広げた。

こうした海洋の民の活動の圏域が、どれほどの広がりを持っていたのかは明確ではない。しかし、彼らの交易・移動範囲は広く、東はモルッカ諸島の一部アンボン島、ジャワ島、スラバヤ沖のバウェアン島、スラウェシ島、モルッカ諸島、さらにフィリピン、台湾、中国大陸へ、西はインドからトルコ・ペルシャのイスラーム世界、南西はアラビア半島からアフリカにまで及んでいた。

一六世紀には、スマトラ島の胡椒貿易をほぼ独占したアチェ王国は、オスマン・トルコ帝国と同盟を組み、西アジア、インド洋での交易を拡大していった。また、アラビア海からやってきた有力なアラブ商人にはハドラミーがいる。彼らはアラビア半島最南端イエメンのハドラマウト出身の交易の民で、頻繁に東南アジアを訪れては、アチェを拠点にしてさらにマラッカ、シンガポールに交易の場を拡大した。シンガポールのアラブ街には、ハドラミーの末裔が定住し、今もその文化の伝統を維持している。

このような東南アジア、アラビア半島、ペルシア、インド各地のコミュニティは、一八世紀まではもっぱらプーケットやマレー半島のケダに注目したが、やがて一九世紀にはいると、イギリスの新地開発に刺激されて、ペナンにも彼らの拠点を設け始めたのである。

エスニック・モザイク模様

植民地の下にあった国々には、宗主国であった西欧の官僚や軍人、探検家や征服者の名前が各地の地名に刻みこまれ、歴史的に残存することが多い。ペナンもその例外ではない。

実際、ライトが領有を宣言した一七八六年八月一〇日には、現地の人々がペナンと呼び慣わしていた島名は、突然「プリンス・オブ・ウェールズ島」に、島の首都はイギリス風の「ジョージタウン」に変えられた。当然のことだが、現地のマレー人が自称したものではない。征服者ライトが自国に敬意を払ったか、自前の力を対抗する西欧諸国に誇示したかったたか。いずれにせよ、前者は当時のイギリス本国の皇太子、後者は当時のイギリス国王ジョージ三世に因んだ名である。こうした「改名」によって、ペナンが名実ともに国王陛下の「管轄」に入ったことを東インド会社は示したのである。かくして、ペナンはベンガル湾をはるか一〇〇〇キロも隔てた、英領インドの一部「ベンガル管区」という行政区域に組み入れられることになった。もっとも、ジョージタウンは街区名としてその後も定着はしたが、プリンス・オブ・ウェールズ島という島名は、いつの間にか人々の意識から消えて、ペナン島が今に至るも定着している。

三平方キロの植民都市

クアラ・ルンプールからの長距離列車が到着するバターワースは、ケダ州の州都である。この駅に下り立つと、マラッカ海峡を隔てて、対岸のペナンの街を遠望できる。ペナンのランドマーク、六五階建て円筒形の複合ビル、コムタの下には、ジョージタウンの下町が広がる。港から約二キロ南西、ペナン大通りの一キロ南に位置しており、市内・遠距離交通の発着点である。また今でも、市民の日常生活を賄う市場の多くは、この地区に集中している。この地区に接して北部に、多民族が共住するジョージタウンが位置する。他方、市街の北部海岸沿いの、海を埋め立てながら西方に広がる新開地ガーニー・ドライブには、最新ファッションや生鮮食品あるいは奢侈品を扱う高級店やペナンの富裕層が居住し、クアラ・ルンプールなどの新興企業家が所有する高層のマンション群が立ち並んでいる。さらに南西に位置する市の郊外には、一九世紀後半にジョージタウン市内から移ってきた旧住民が定住する閑静な住宅街が点在する。そしてさらに南と西には、マレー人の集落カンポンが点在する。今日のペナン島はこの四つのブロックに分かれる。

二〇〇年という時間軸で概観すれば、ジョージタウンは、わずか三平方キロの地域に二〇を超えるエスニック・コミュニティが凝集して形成された、一つのミクロコスモスである。しかもそれは北と東は海に、西と南は沼地に囲まれた島内の孤島の観を呈していた。

一八〇三年に作成された「ペナン・ジョージタウン市街図」には、数本の通りに囲まれた狭い区域が描かれている。当時の町並みは、北はライト通り、南はアチェ通り、東は旧ビーチ通り——現在の海岸《パンタイ》通り——、西はピット通り（ジャメマスジッド・カピタン・クリン通り）に囲まれたほぼ長方形の街区である。この区画は、ライトが一七九四年になくなるまでに形成され、ジョージタウンの最も初期の行政区であった。

この地区には、数本の通りが東西南北に走り、それらの通りとその両側に形成された短冊状の街区は、独特の社会背景と歴史文化を濃密に醸成してきた。それは、様々な民族集団同士の緩やかな「棲み分け」と「相互乗り入れ」のモザイクとも言える様相を示している。

2010 年ペナン展望

島のチャイナタウン

中国人移民は世界中どこに移住しようと、たいていは市の中心地区に定住し、寺院を建て、会館を設け、そしてチャイナタウン、南京街、中華街、華人街といった扁額を街の入口に掲げて、自らの存在を誇示する。筆者が訪ね歩いた神戸、横浜、長崎、函館、サン・フランシスコ、ホノルル、シドニー、メルボルン、ロンドン、バンクーバー、モントリオール……洋の東西を問わない。ペナンの華人街、レボ・チナ、英語のチャイナ・ストリートもその一つであった。

華人街の創設と華人移民の定住を導いたのは、初代華人カピタン、クー・レイ・フアン（辜禮歓）である。彼がどのような人物であったかは、次章に述べることにしよう。ともかく、彼の移民招致策により、この通りにはたちまち住居と商店を兼ねた、二階建てレンガ造りの華人の「ショップハウス」が林立した。それは一見長屋風であるが、規模は結構大きい。長屋家屋の両端には高い破風がそびえ、長屋は十数メートルにもなる。各家屋の戸口に近いホールは商談の場、さらに奥の部屋は家族・同族の歓談の間であり、正面には一族の位牌・族牌が祀られ、両側の壁面には、功なり名遂げた名士の写真や額が掲げられている。最奥の土間は吹き抜けになっており、その下には、ミニ岩山や噴水を模した風水景観がしつ

ショップハウス

らえられる。こうした南洋華人特有の長屋、ショップハウスが華人街の繁栄の象徴となった。

しかし、一九世紀後半になると、富と地位を得た華人商人たちは、ジョージタウン郊外に居を構えるようになり、それに代わって、他の集団が徐々に住みつくようになった。次の住み手はインド人商人である。この一角に設立された「チェッティヤール・ロッジ」もその一つであり、南インド系大商人カーストのチェッティが、一九三七年に買い取って改修した同族の「安息所」である。

華人街に他のコミュニティが入り込んでくるのと入れ違いに、一九世紀半ばから二〇世紀の前半にかけて、華人集団は他のコミュニティが定住していた地区にまで急速に拡大を始めた。その勢いは、当初の華人街から南北の大通りであるピット通りへ、さらに華人街の西に延びるステュアート小路、大臣路《レボ・ムントゥリ》まで、海岸から東西に約一キロに及ぶ広域の中華街が形成された。その詳細については、次章で述べる。

アルメニア街の華人騒乱

現地の海峡植民地駐在官からは、統治の実態を詳細に記録した「海峡植民地統治年次報告書」がインド総督に送られていた。一九〇〇年代初めの

ペナンの華人旧住居

年次報告には、ほぼ毎年「中国人による宗派間の武力抗争」の状況を記すとともに、原因・詳細は不明と報告している。

世界遺産の観光の名所から少し外れたアルメニア通り。昼下がりのこの街中には、時折板金作業や自動車修理の音が響き、かつての大騒動の記憶はまったくよみがえってこない。

だがかつて、この狭く短い街区には、複数の華人集団が蝟集し、数十年にわたって激烈な抗争を展開していた。イギリス植民地政府が恐れた宗派間争いとは、中国で「械闘」といわれる騒乱である。すでに明・清代の中国では、農村部で「械闘」と呼ばれる武力抗争が多発していた。械とは武器のことで、械闘とはしたがって武器を使った、同族や同姓・同村を結束とする集団間の抗争のことである。こうした抗争は、とりわけ移民を送り出した中国沿岸部福建の漳州や泉州、広東の潮州などで頻発したという。

なぜ、農民が集団で対立・紛争を繰り返すのか。理由は複雑に入り組んでいるようだが、田地、墓地、水利権、寺廟の建設、土地境界などの利害対立である。見方を変えれば、中央・地方の行政・司法組織が統制不能となり、また、農村の自律的な統御組織が集団間の利害調整の機能を果たし得なくなった「無秩序状態」がこうした争いを生んだのではないか。一八～一九世紀の台湾では、大陸からの新移民と旧住民との間に、断続的に大規模な械闘が発生している。

さて、華人移民集団が「占有」していたアルメニア通りにも、同様の紛争が激発した。しかし、それは中国本土や台湾とは大きく異なり、華人だけでなく他の移民集団も巻き込んだ、「複合集団間の抗争」といえるものであった。

エスニック集団を巻き込んだ械闘

一九世紀半ばから、この通りには福建出身の華人商人が台頭してきた。中でも初期移民の海峡華人《ストレイツチャイニーズ》によって統率された「福建五大姓」、謝・邱・楊・林・譚の一族が有力であった。彼らは次々とこのアルメニア通りに居を構え、商業を営んでいた。同時期、福建出身者の秘密結社、建徳会（Khian Teik）が、アルメニア通りの入口に立つ大伯公寺院を拠点に勢力を張ってきた。彼らはそのため大伯公会とも呼ばれ、その勢力は約五〇〇〇～六〇〇〇人であった。建徳会は、アルメニア通りに隣接するアチェ人の秘密結社、紅旗会（Bendera Merah）と手を結び、アルメニア通り一帯を建徳会＝紅旗会連合組織の支配下に置いた。

ほぼ同時期、対抗する秘密結社の義興会が台頭していた。義興会とは、広東・福建出身者を主体とするシンガポール、マレー半島一帯の広域秘密結社であり、その勢力は約一万二〇〇〇人であった。錫鉱山の労働者を主体とする客家の秘密結社海山会に対抗する大勢力として競合していた。義興会と結託した華人以外の秘密結社も生まれた。それは白旗会である。インド系、マレー系、インドネシア系の移民で、ココナツ繊維のロープを製造する工人や荷車引きの労働者を主体とした。このように一九世紀後半には、華人系の会党を核にマレー・インド・インドネシアの雑役移民を結合

アルメニア通り

した、多民族連合の秘密結社が拡大していた。

一八六七年ペナン大暴動

一八六七年、ペナン島史、マレーシア近代史に残る大騒擾「ペナン大暴動」が発生した。発端は些細なことであった。この年の八月一〇日の夜、義興会と連合する白旗会の仲間が、建徳会をからかったことが引き金であった。一一日間の抗争に、華人三万人、マレー人四〇〇〇人が加勢したという。やがてこの争いはジョージタウン全域を巻き込む激しい抗争に転化した。市街は完全な無秩序状態に陥った。殺戮・略奪・暴行・誘拐・放火……あらゆる惨劇が繰り広げられた。この抗争の発端の場と主戦場が、アルメニア通りであった。両グループの助っ人は、対岸のウェズリー州やプーケットからも馳せ参じた。アルメニア通りからジョージタウン一帯に、さらにマレー半島全域にまで及んだ、二大秘密結社間の大抗争に拡大していった。その後も二十数年にわたって小競り合いが続いたが、結局、一八九〇年に一応の終結を見ることになり、ペナンの利権は、福建商人たちに占有されることになる。

抗争の核になっていたのは、ペナンやマラッカ、シンガポールに根を張る二大秘密結社であった。邱天徳率いる建徳会＝紅旗会組織と、トゥアン・チー（Tuan Chee）を頭とする義興会＝白旗会（Bendera Puthi）連合であった。ほぼ同時期、ペラクやシンガポールでも、義興会による紛争が多発した。こうした帮・会党の間の様々な争いは、一九世紀後半にはペナンだけでなく、マレー人が多数定住する東海岸を除いて、マレー半島全域で常態化していた。

一八五一年にシンガポールで発生した、カトリック信徒華人への襲撃事件では五〇〇人が殺害され、一八五四年にはシンガポールで、福建系の会党と潮州系の会党の衝突が起こった。全市が抗争の渦に巻き込まれ、殺りく、略奪の

ペナン市街防御のヨーロッパ系住民

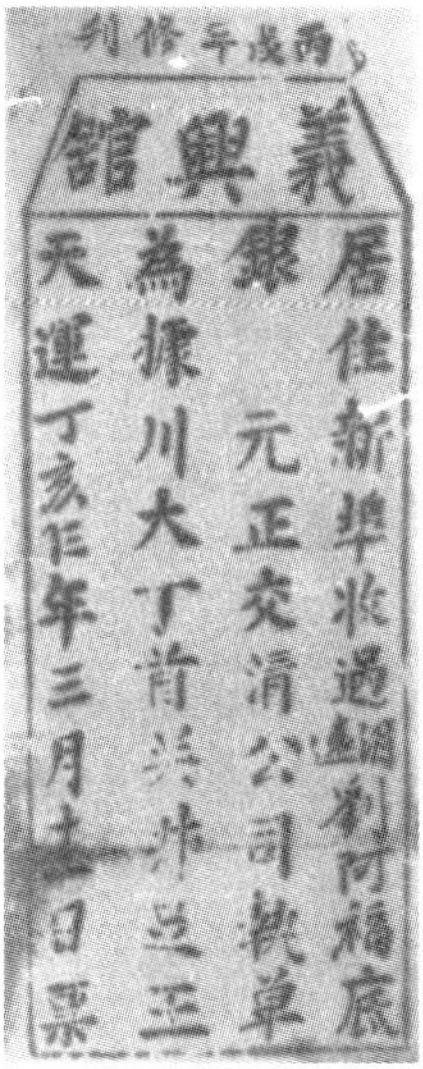

義興会成員票 1

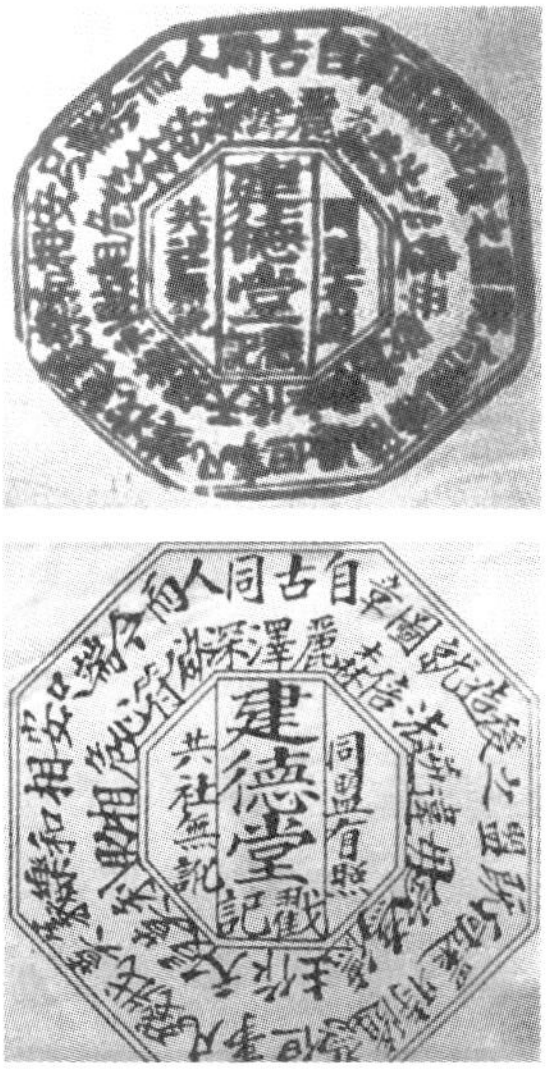

建徳会成員票

修羅場となり、四〇〇〇人の死者を出した。一八六二年のペラクにおけるラルの騒乱は、マレーシア史に残る華人間の大抗争である。錫鉱山の採掘労働者の喧嘩がきっかけとなった、福建系の海山会と義興会との抗争は一一年間続き、市の秩序は完全にマヒした。

多数の死者を出した騒乱・抗争は、統治者であったイギリス側の資料には「原因不明」と報告されている。だがその実態は、様々な利権をめぐっての会党同士の勢力争いである。錫鉱山の開発権と鉱山労働者の口入れ権、アヘン・密造酒の製造・販売権、売春婦の管理権、賭博の営業権や利益配分、各種香料の輸出・販売権、ジョージタウンの雑役請負権、倉庫の管理権、街区の居住権などなど。

義興会成員票２

事態を重く見たイギリスのシンガポール政庁は、一八九二年に急きょ「結社禁止条例」を制定した。その結果、各種の結社・集団は、植民地政府の監視下に置かれた。以後、華人の秘密結社は形式的には一応禁止され、同郷・同姓・同業組織の結社には、政庁の許可を必要とすることになった。そしてこの後も、次々と政府公認の会館や公祠が結成された。しかし、利権争いの事態が収まることはなく、様々な背景をもとに紛争は続いた。こうした華人の間の紛争を糾合して、清朝体制と植民地支配への抵抗に転化したのは、孫文などの運動であった。

ベンガル湾を渡るインド人たち

インドの人々にとって、古来ベンガル湾は「内海」であり、交易と漁業と農耕用水の雨をもたらす生活の場であった。マレー半島はベンガル湾という海域世界の一部であり、モンスーンの風を利用すれば、一気に往来できる交易圏であった。一衣帯水というには幅一五〇〇キロの海域は広いが、それでも、ベンガル湾を東西から圧縮すれば、インドの東半分とマレー半島・タイ・インドネシアの一部は、文化・社会面で共通した要素と、東南アジア世界に共通する歴史的性格を持つと考えられる。

インド世界をその南北から観る歴史観は、これまでも一般的であり、言語・民族・宗教・風俗・慣行・政体など、南北の相違を強調する研究は多い。しかし、ベンガル湾を一つの圏域とすると、南北の違いよりは、東西の相違のほうが大きいのではないかと思える。ただ、そのことを十分に論証するには、現段階では実地調査と史料が不足する。一応の概観を示しておきたい。

一八六七年までの八〇年間、ペナンはベンガル管区の一部として組み込まれていたから、行政的には「インド」の一部であった。先述したように、イギリス植民地政府、より正確にいえばその代弁者としてのイギリス東インド会社は、ペナンの開発のために、同じ管区内から「ベンガーリー」と呼ばれたインド東部ベンガル地方の出身の流刑囚を存分に活用した。

インドの囚人が、イギリス植民地政府による強制移住の労働集団だとすれば、それよりもはるか以前から、ベンガル湾を自由に往来していたインド系の集団がいた。それは主として「クリン」と呼ばれる南インド南部出身のヒンドゥー教徒の商人や、「チュリア」と呼ばれる南インドのムスリム商人たち、それに少数ではあるが「グジャラーティ」と呼ばれた北西インド出身のヒンドゥーとムスリムの商人たちであった。またボンベイを拠点とするゾロアスター教徒のパーシーや、パンジャーブ地方出身のシクと呼ばれた商人集団も到来した。

南インドのヒンドゥー移民クリン

ポルトガルの使節トメ・ピレスは、一六世紀初めの東南アジアについて、詳細な記述を残している（『東方諸国記』）。その中に、ケリンあるいはクリンという集団について触れている。それによれば、ケリンとは、南インドのベンガル湾に面した東沿岸部のコロマンデル地方であり、当時のマレー人は、南インドで多数を占めているタミル人やその北のテルグー人を、ケリンあるいはクリンと総称したという。マレー人が、インドという地域や民族をどのように認識してきたのかは、必ずしも明確ではないが、インド南部とりわけ東部沿岸部一帯をケリンと総称していたようである。

ケリンとは、ベンガルと南インドとの境界域にあるオリッサ地方の古称、カリンガに由来するという。現在では、この地の大都市プリーのヒンドゥー寺院ジャガンナートの大祭で有名である。このカリンガには、紀元前後から王国が形成されており、とりわけ紀元前一～二世紀には、ガンジス川流域から南インド東南岸にかけて王領を広げた。こうした歴史背景から、マレー人は南インドや南インド人をケリンと呼んできたものとみられる。彼らの中には、その後の交易活動や移住地での定住化の中で、次第にヒンドゥー教からイスラーム教に改宗し、チュリア・ムスリムと自称する者も現れた。

総じて言えば、南インドではヒンドゥー教とイスラーム教の宗教上の対立は、北インドほど厳しくはない。南インドのイスラーム教は比較的寛容で、厳格な教律に従うわけではなかった。だから、交易に有利とみれば改宗する者も珍しくはなかったと考えられる。ただ、その場合、史実の中では、ヒンドゥー教からイスラーム教への改宗は見られたが、その逆の、イスラーム教からヒンドゥー教への改宗は、ほとんど例がないといえる。

一九八〇年以降、国際的な石油ブームの高まりの中で、インドから湾岸地域へ多くの出稼ぎ移民が生じた。彼らの中には、南インド南部のタンジャヴール県のように、一村の住民が集団で、ヒンドゥー教からイスラーム教に改宗する事例も現れた。彼らの多くは、底辺のカーストに属する集団であり、ヒンドゥー教の宗教的な規制や差別からの離脱が大きな動機ではあったが、海外出稼ぎが集団改宗の重要なきっかけとなったといえる。なぜなら、ドバイやアブダビあるいはサウジアラビアなどの出稼ぎ先がイスラーム国であり、イスラーム教への改宗が生活上・仕事上で有利だという実利的な判断によるものでもあったからだ。

さて、時代を前に戻す。このクリンという南インドのヒンドゥー・タミル人は、一六世紀ころにはベンガル湾一帯で沿岸貿易に従事していた有力な海洋商人でもあった。マラッカではポルトガルに優遇されて、他の集団をしのぐ勢力を持っていた。そうした状況が、ライトのペナン来航まで続いた。一八世紀までは「クリン」という言葉には、「下層の南インド人」という意味合いはなかったのである。しかし、一九世紀の初めから、ペナンにはインドの囚人と多数のクーリー・労働移民が流入してきた。ちなみに、クーリーは中国語で苦力と表現するが、タミル語でもクーリーとは労働者の意味である。その大多数は南インド出身であり、彼らは現地マレー人から、オラン・クリンつまりクリンの人、そしてまた南インドはネグリ・クリンつまりクリンの国と呼ばれていた。やがてイギリス人や華人は、南インド移民とくにヒンドゥー教徒全体を、ヒンドゥー・クリンと呼び慣わした。しかし、それは、誇り高きヒンドゥー教徒の海商ではなく、囚人やクーリーの代名詞に近い意味となり、南インド出身のヒンドゥー教徒がそう自称することは決してなかった。つまり、一九世紀のペナンにおいては、クリンとは、移民先での下層の南インド人を指す蔑称となったのである。

ムスリムの海商チュリア

ペナンの史実には現れてこないのだが、シンガポールではクリンについて大論争が展開されていた。

一九世紀を通じて、シンガポールでは、マドラス渡来の南インドのヒンドゥー教徒は一般にクリンであり、彼らが集住する地域はクリン通りと呼ばれていた。しかし、一九二〇年の初め、力をつけてきたシンガポールのインド人協会は、蔑称であるクリンの呼称を廃止するよう、シンガポール政庁に強く働きかけた。

一九二一年六月二四日、シンガポール市政委員会では、自身がインド・ムスリムである有力者のムーンシによって、町名改称が提起された。その結果、一九二一年八月一日の「ストレイツ・タイムズ」紙上で、「一九二二年一月一日以降、クリン通りはチュリア通りと改称する」との公示が出された。以後、「南インド出身のインド人あるいはヒンドゥー教徒」を指すクリンの名称は廃止され、代わってチュリアという呼称に代わったのである。

さて、チュリアあるいはチュリア・ムスリムについてである。彼らは、誇り高き海洋商人として、一四〜一五世紀にはすでにインド洋やベンガル湾全域で、広範な交易ネットワークを形成していた。

彼らは本来、南インド南部沿岸地方出身のムスリムであった。彼らの交易圏は、コロマンデル沿岸のネガパタム、ナグール、トランキバール、マドラス、マスリパタム、ビルマのメルギーなどベンガル湾一帯から、マラッカ海峡のジョホール、マラッカ、ケダ、タイのプーケット島に広がっていた。のみならず、ペルシアからインドネシア、マレー半島全域を結ぶインド洋広域を股にかける大商人たちでもあった。

彼らの一族の中で、とくにコロマンデル南部のポルト・ノヴォやナゴールを拠点に活躍する商人は、マラッカイヤールとも呼ばれた。

彼らは五〜二五人乗りのシリンガと呼ばれる木造帆船で沿岸を航海したが、それは一五フィートにも盛り上がるコロマンデル沿岸の荒波を防ぐために、甲板の高い造りであった。こうした帆船で、南インド産の綿布、たばこ、マレー半島の錫、インドネシアの胡椒などを独占的に商い、一七世紀末までは、東インド会社にも拮抗するほどの強い勢力を持っていた。

イギリス東インド会社の航海長トーマス・バウリーは、航海記録『ベンガル湾諸国の地誌録』の中で、チュリア海洋商人の「手強さ」についてこう述べている。

「チュリアの連中はアジアのあらゆる国や王国に広がっており、悪賢くて目の離せないイスラーム教徒たちだ……故地はコロマンデル沿岸の南端である……彼らは東方のことばをいくつも読み書きでき、現地の人間をたぶらかす。彼らの至る所、わが交易にとってきわめて大きな妨げとなり、我々は現地の連中に商品を売り込むことができない。スーラトでもベンガルでもその他至る所で、わが方の悪口を吹き込んでは偏見を撒き散らしている……」

チュリア商人に対する反感と対抗心そのものであるが、逆にみれば、チュリアの活躍は南アジア、東南アジア一帯で、イギリスの介入を許さないほどの強固なものであったことがうかがわれる。そうした状況は、一八世紀末まで続いていた。

マレーの混血者たち、プラナカン

東南アジアには、「プラナカン」と呼ばれる人々が今もいる。総じて四世代あるいはそれ以上にわたって、ペナン、マラッカ、シンガポールあるいはインドネシア諸島に

ニョニャの婚儀

定住してきた移民である。

彼らは、外来移民の男性とマレーやインドネシアの現地人女性との混血者であった。プラナカンとは、マレー語で「現地生まれの」という意味であるが、ペナンでは華人男性と現地マレー人女性との混血を指す。中でも古い集団は、一五世紀初期鄭和の来訪後、明の朝貢国となり中国から送られてきた中国人王女の従者と現地人女性との間の末裔、そしてその後に東南アジア各地へ移住した人々であろう。彼らはまた海峡華人とも呼ばれ、その中にはさらには、男性はババ、女性はニョニャと呼ばれるプラナカンのグループも現れた。

その習俗や生活、儀礼、歴史は、シンガポールの中心地、オーチャード通り一番地からすぐ北、アルメニア通りの一画にある「プラナカン博物館」で、詳細に知ることができる。

現地人女性との混血は華人に限らない。おそらく紀元三～四世紀以降からしばしば到来した、南インドの交易商人と現地女性との間にも通婚が行われた。ヒンドゥー教徒のインド人との混血者は「プラナカン・インディアン」と呼ばれ、彼らの多くはマラッカで、さらに後にはシンガポールやペナンでも生まれた。一四世紀以降には、アラブ人や他のムスリムとの混血者、「ジャビ・プカン（ジャワ化したプラナカン）」つまりインドネシアの女性との混血者や、後述するポルトガル、オランダ、イギリス人男性と

プラナカン・インディアンの婚儀

現地女性との混血者である「クリスタン（キリスト教徒の）・プラナカン」あるいは「ユーラシアン・プラナカン」と呼ばれる人々も増えてきた。

中でも、東南アジア社会で古い伝統と大きな社会的・経済的勢力を維持してきたのは、華人系のプラナカンである海峡華人であった。彼らの中には、英国で教育を受け、西欧風の素養と言葉を修得し、複数のことばを操り、そしてイギリスに忠誠を誓うといった、植民地東南アジアにおける「移民エリート層」を形成する者も台頭してきた。

第四章

移民マフィアの時代

一九世紀のジョージタウンという町は、新たに到来した雑多な移民が引き起こす混乱と無秩序が支配するカオスであった。しかし、そうした状況を巧妙に利用して移民を組織し、絶大な権限を握って台頭してくる者が現れた。それは、中国系移民の間で「龍頭、ドラゴン・ヘッド」あるいは「会党首領」と呼ばれた人物である。彼らは、経済的には、華人移民の有力な交易商人であり、社会的には、秘密結社の首領たちであり、そして政治的には、カピタン（甲必円）という肩書きを植民地政府から与えられた華人集団の頭目であった。

もっとも、カピタンは華人だけでなく、インド系移民の指導者たちにも与えられた肩書きであった。この制度は、イギリス植民地政庁がイギリス人を「華民保護官」および「インド移民保護官」として正式に任命し、その統括の下に移民の「保護と安全」を維持する制度を導入する一八七〇年代まで続いた。

では、カピタンにはどのような人物が任じられ、どのような役割を果たしたのか、またなぜ彼らが植民地政府に求められたのか、その肩書きと役割から一九世紀ペナンの社会情勢を概観してみたい。

「無法の街」ジョージタウン

ペナンのジョージタウンは要塞都市である。しかし、西欧や中国や西アジアに見られるような巨大な城壁に囲まれた城塞都市とは違って、街は市壁や城壁で囲われてはいない。ただ、島の東北端を占めるコーンウォーリス要塞だけは、小規模な城壁と砲門で固められていた。それらは、マラッカ海峡を跋扈するインドネシアのブギス族や、現地の漁民が突然に変身する海賊や、フランス東インド会社船隊の襲撃に備えた最小限の防備施設であった。要塞はまた、南に隣接する居留地のライト通りやビショップ通りから、危急の際に逃げ込んでくるイギリス人たちを保護するための避難所《アジール》でもあった。だが、それ以外には、ペナン島ではどこも、昼夜を問わず往来は自由で、ジョージタウンは喧嘩や略奪の絶え間ない、混沌とした街並みであった。

もっとも、市の内外で発生するトラブルには、ペナン政庁は何の対策も取ろうとはしなかった。先述した一八六七年の「ペナン大暴動」までは、イギリスの植民地支配者たちは、雑多な集団、とりわけ華人たちが引き起こす問題にはまったく無関心であり、むしろ、そうした問題には干渉しないのが得策と考えていた。事実、当時のイギリス本国の植民地相、バッキンガム公爵は、海峡植民地のウォード総督宛の書簡で「英国政府の海峡植民地（ペナン、マラッカ、シンガポール）への真の政策は、原住民の無秩序を統制することでなく、介入しないことである」と明言している。植民地の行政面から見ると、ジョージタウンは無法の街であった。しかも植民地政府は、政策として「無法」を容認していたのである。

激増する多様なエスニック

もっとも、全くの無法・無秩序であれば大混乱を生じ、それは結局イギリスの利益つまり国際交易の維持という目的に大きく差し支える。それはやはり避けねばならなかった。そのためには、ある種の巧妙な手立てを必要とした。

ライトがペナンを占有したのは一七八六年であるが、そのわずか一四年後の一八〇〇年までに、すでに市内には一万人を超す移民が殺到した。その多くは、ペナン北方の洋上にあるシャム領プーケットの島、南方のマラッカあるいは対岸のマレー半島のケダやペラクのマレー人や華人、シャム人であった。西欧人といえば、私商人や東インド会社の商船員、ごく一部だが布教に携わるキリスト教関係者で、その数はわずか三〇〇人程度であった。

一八世紀末の人口調査ではペナンの住人はわずか数百人であったが、一八三五年の人口調査では、四万二〇七人に膨れ上がった。その内訳は、インド系九二〇八人、華人八七五一人、アラブ人三〇〇〇人弱、その他、ビルマ、インドネシアのアチェ、バタクの人々、そしてシャム（タイ）の攻撃から逃げてきたケダのマレー人など一万六四三五人にも上った。ただ、ヨーロッパ人はアルメニア人も含めてわずか七九〇人に過ぎなかっ

ペナン観音寺院での泰劇演者

た。

マレー人と一部のインドネシア人を除けば、島内では大多数がジョージタウンに集中していた。この狭い市街に、あまりにも雑多な人間が溢れつつあった。だが、イギリス人や他の西欧人は絶対的に少数者である。そしておそらくこの後も、そうした状況が続くことは自明であった。そうした状況下で、如何にうまくペナンを統治するか、植民地政府には最大の難問であった。「最少の植民者によって、最大の効果を上げる統治方法」について、占有直後からライトは腐心していた。実はその方策は、かつてライトが訪れたマラッカやスマトラ島のアチェで、ポルトガル人が実施していた統治制度にあった。

ペナンのカピタン

様々な地域や国から到来したあぶれ者、ならず者、囚人、亡命者、一攫千金を夢見る無宿者や工人、小商人、それに利権拡大をもくろむ大商人など、多種雑多な移民集団である。彼らを統率するには、彼ら自身に統治させるのが最善の策である。それは、ポルトガルがアジアの交易・植民都市にもたらした「カピタンの制度」ではないか、ライトはそう直感した。彼はペナン上陸後ただちに、このカピタンの方策を取り入れたのである。

「カピタン」とは、ポルトガル語でいう船長、集団の長である。英語風に言うならば、キャプテン、今なら船長、艦長、機長あるいは組織の長、スポーツチームの監督でもあろうか。しかし、一六世紀当時のマラッカのカピタンとは、船隊の長であるだけでなく、彼らが乗り込んだ海洋都市の行政・軍事・経済の全般にわたる統括者、商館長であり、ポルトガル人自身がその任に着いた。

一六四一年にマラッカを占領し、ポルトガルに代わって国際交易の覇者となったオランダは、ポルトガルのカピタンの制度を引き継ぎ、オランダ人自身がカピタンと名乗った。

一七九五年にオランダを駆逐して、マラッカを奪取したイギリス東インド会社も、やはりこのカピタンという肩書きとその職務を導入した。だが、それはポルトガルやオランダとは違った制度であった。

ちなみに、一六世紀後半にはポルトガルが平戸に、そのあと一七世紀初めからはオランダが長崎に商館を設けた。その商館長もカピタンー史料では甲必丹、甲比丹あるいは加比旦とも記す——であったが、もっぱら彼ら自身が任じた。

ペナンのカピタンは、マラッカや平戸や長崎のカピタンとは異なる。それは、「カピタン」の肩書きと特権を、植民地支配者であるイギリス人自身ではなく、現地ペナンのアジア系移民集団の頭目に与えたことである。その条件は、統治の対象となる移民集団のことばに通じ、彼らの信望が厚く、しかも経済的・社会的に影響力を持つ人物である。フランシス・ライトは、一七八六年にペナンに上陸するやただちに、現地の華人の中から有力な人物を「カピタン」に任命した。それが次のクー・レイ・ファン、辜禮歓であった。

初代華人カピタン、クー

『ペナン名士列伝』(一九八六)という資料がある。ペナンの建設以来、その発展に貢献した様々なエスニック・階層・出身地域の現地要人について、人物写真入り、英語・マレー語・繁体字中国語・タミル語で解説したコンパクトな名士略伝である。ここに数人の「華人カピタン」——マレー語ではカピタン・チナ、英語ではカピタン・チャイナ、華語では甲必丹と記録される——が登場する。

彼ら華人名士に共通するのは、いずれも眼光鋭く、頬骨高く、厳しい表情の紳士である。彼らの略歴からみると、もちろん例外もあるが、その多くは、アヘンの栽培と売買の請負権を独占し、ペナンやケダ、アチェの徴税請負権を一手に握って、莫大な富と権力を手にした者であった。彼らはまた、秘密結社を率い、そして晩年は同郷・同族組織の代表や、同郷同族の墓地管理人など慈善事業の熱心な支援者を任ずるという、華人名士としての典型的な経歴においても共通している。

その一人が、初代華人カピタンのクー・レイ・フアン（辜禮歓）である。彼の写真はない。容貌は経歴から推測するよりほかない。

クーは福建省漳州海澄県の出身で生年は不詳、一八二六年に歿している。若くして清朝政府に反抗して、マレー半島のケダに落ちのびたという。その経緯は今のところ辿れない。ペナン到来以前からすでにケダの華人カピタンであったが、おそらくはタイ・バンコク王朝のラーマI世の迫害を避けてであろう、ライトを頼ってペナンに避難した。現在では、ケダ（バタワース）～ペナン間はフェリーで二〇分たらず、小型帆船で一時間ばかりの距離である。当時としても、海峡横断による亡命はそれほど難かしくはなかった。

一七八六年七月一八日、ライト上陸の翌日、クーは船長ライトに「漁網を献じた」という。いったい、漁網の献上とは、沿岸部に住む中国人の一般的な儀礼行為なのか、海峡華人つまり東南アジアに定住した華人の表敬の様式なのか、あるいは服従の徴なのか、「漁網献上」の意味は不明である。いずれにせよ、この献上をよしとしたライトは、翌一七八七年、クーに対して、西欧人の居住地レボ・グルジア＝教会通りに隣接する一等地を与え、対岸のケダから脱出した華人の男女・子ども合わせて五〇〇人の定住を認めた。その地が、のちの「レボ・チナ＝華人街」である。同時に、彼はペナン初代の華人カピタンの称号も与えられた。

ライトからよほどの信頼を得たのであろう。ライトの支援によってクーはインドネシア・スマトラ島のアチェから胡椒の苗をペナンに移植し、胡椒農園を拓き、大農園主となった。さらに後には、ペナン交通委員会の唯一人のアジア人メンバーに任命され、交通網の整備に尽力したと特記されている。

政商・大農園経営者・徴税請負人として勢力を拡大したクーは、まさにペナン開発始期の典型的な立志伝中の人物であった。彼のペナン妻――クーはケダとペナンの両地に家族を持っていた――の長男、クー・コック・チー（辜国材、?～一八四九）も、スタンフォード・ラッフルズに随伴してシンガポールに渡り、海港都市シンガポールの建設に協力し、のちにクアラ・ケダの総督にまで登り詰めた。

ところで、クー・レイ・フアンの孫に当たるクー・ホン・ミン（辜鴻銘、一八五六～一九二八）は、英・独に学び、西欧の近代知識と中国の伝統思想を修得した清末の保守派学者として著名であり、一八八五年から清の殖産興業を進めた政治家、張之洞のブレーンとして活躍し、大陸中国に骨を埋めたという。

カピタンに転じた清朝官僚

もう一人の華人カピタンを紹介しておく。チャ・チェン・セン（謝春生）である。彼はクーより二世代も後の人物であるから、時代状況はかなり変わる。

写真の年代は不明だが、満州服、ぼってりとした顔つきのチャは、金満華人そのものの風貌で、写真ではまだ辮髪を残している。彼の父、チャ・ソン・ユー（謝雙玉）は、ペナン定住の客家人であった。チェン・センは謝栄光の別名も持つ、清朝政府の外交官であり、在ペナン第三副領事として、一八九六年から一九〇一年、一九〇七年の二期にわたって務めていた。ペナン到来以前には、スマトラ島のメダンで、アヘン売買を手掛けて巨万の富を手に入れ、その富によって副領事の肩書きを買ったといわれる。当時のアジア各地で通弊となっていた、華人外交官職の「売官」制度の利用である。

一八八二年、清朝政府の領事館は、シンガポールの華字新聞に「売官条例」を公示した。それは、現地領事館の副領事などの外交官の肩書きと地位とを、一定の金で売り渡すというものであった。目的は、華僑の財を集めて、中国本土の鉄道や商業に投資するための資金調達であった。多くの買官者が現れ、外交官の地位を得た。肩書きは、必ずしも実利を伴うものではなかったが、それらは世襲されることもあり、墓碑・家牌にも刻まれ、在外華人にとっては、栄達の証として代々伝わる名誉であった。のちに、シンガポールの中華商務総会を設立した張振勲も、やはりペナン副領事の地位を買っている。

チャはその後、大実業家のチャン・ピ・シー（張弼士）と手を組み、マレー半島中部パハンの錫鉱山開発に乗り出し、さらに財を積んだのである。事業パートナーのチャンは、オランダの買弁商人として、ジャカルタを拠点に、ジャワ、スマトラ、ペナンなどでの交易を一手に掌握し、東南アジア屈指の華人実業家にのし上がっていた。

機を見るに敏、先を読むに明であったチャの才覚は、変転の時代状況で遺憾なく発揮された。一九一一年、中国本土に辛亥革命勃発の報を得るや、彼は直ちに辮髪を切り落とし、清朝政府とは手を切ったと宣言した。身のこなしはすばやく、時勢にうまく乗じた人物であった。一九〇一年には、広東・潮州共同の華人墓地の主要管理人となり、また、一九〇六年に

アヘン吸煙用の安楽椅子（ペナン博物館）

は、ペナン西郊の極楽寺（ケッ・ロク・シ）の五大寄進者の一人として名をとどめることになる。

カピタンと秘密結社

カピタンとは、あくまでもイギリス東インド会社のペナン支社つまり植民地の一政庁が、統治上便宜的に与えた肩書きと役割に過ぎない。そこには、植民地行政制度上の規定も権威も確定していなかった。しかも、任ぜられるカピタンの人物と役割と経歴には、あいまいさと胡散臭さが付きまとっていた。とりわけ、中国にルーツがあり、移民の大量移動に伴ってもたらされた秘密結社との関わりであった。そのことは実は、植民地統治者にも移民集団を牛耳る華人の大物たちにも好都合であった。当時のペナンあるいはマレー半島の状況から、その背景を概観しておきたい。

中国史上、しばしば特有の集団・結社が登場した。それらは、会・社・団・帮などと称し、同姓・同族あるいは同郷・同業、同教・同法など、様々な原理に基づいて結束した。とりわけ、一九世紀清朝の時代には、三合会、天地会、哥老会、青帮《ちんぱん》、紅帮《ほんぱん》など、「会党」と総称される秘密結社が大きな勢力を持った。それらは系譜・人脈・組織・利害・掟などを共有しつつ、移民が大挙押し寄せた東南アジアやアメリカにも根を張っていっ

ペナン観音寺院

た。

この分野の研究者である呉華氏や荒井茂夫氏のマレー華人組織の研究によって概観してみる（呉華一九八一、荒井茂夫一九八四）。

ペナンでは天地会の組織が記録上は最も古く、一七九九年に設立されたという。その後、華人移民の急増に伴って、義興（広東系）、海山（福建系）、義福、福勝、大伯（白）公（福建系）、建徳、連義など大小の会党が組織された。

会党とは、もともとは仲間内の相互扶助と、火急の際の福祉・保護を目的とした寄合いであった。華人移民の大多数が、港湾や錫鉱山の労働者、雑役、荷駄引き、胡椒・ガンビア農園などの栽培労働者、労務者であった。明日をも知れない彼ら出稼ぎ者にとって、唯一の寄る辺は会党であった。それは血縁・地縁・業縁という、ニカワにも例えられる柔軟な成分で固められた組織となり、同じ華人の指導者たちは、その結束を最大限に利用した。

ペナンやシンガポールの新天地にあっては、一九世紀の半ばまでは、「会党」は非合法でも反社会的でもないと考えられていた。東南アジア史家のターンブルは「ただ、彼らの入会の誓約や儀式、表徴、成員が『秘密』であったに過ぎないのだ」という。またシンガポール日本文化協会の元会長、顔尚強氏は、華人の組織には、秘密結社的な「帮会」と公開的な「帮派」があったと指摘する。彼らが結束するのは、同郷・同族・同姓の場か、あるいは、彼ら華人に共有される中国の宗教組織、寺院であった。

華人紛争和議の場（シンガポール国立博物館）

しかし、一九世紀末頃にはすでに、会党組織の実態は秘密結社となり、表の合法、裏の非合法の両側面を持つ組織であった。会党の頭目は、圧倒的に華人の大商人であった。エリック・タグリアコッゾの興味ある研究（『秘密の交易、穴だらけの境界』二〇〇七）によれば、一八一八年から一八八九年までのペナンの会党指導者四〇人のうち二四人が商人で、彼らは米穀・密造酒・アヘン・香薬の商人や倉庫業、鉱山経営、農園の経営者、さらには人身売買・売春・とばくの権利も独占していた。中でも最大の利潤源は、植民地政府から委譲されたアヘンの専売権であった。

これらの会党の中で、ペナンではとりわけ福建系の海山会と広東系の義興会が勢力を二分し、前記の多様で莫大な身入りに関する利権をめぐって、激しく抗争を繰り返していた。その最大の騒擾が第三章で述べた一八六七年のペナン大暴動であった。

大伯公と二人の会党首領クー

東南アジアの華人指導者の中には、会党首領として活躍した後に、名士として名を残している者が多いことは指摘した。その事例として、彼らのうち、特に東南アジアの華人に人気の高い大伯公と、秘密結社・会党との関係について触れておきたい。

張理という人物がいた。登場は一八世紀後半という比較的新しい時代であるが、しかし実在確認の史料に乏しく、伝承上の人物である。広東省大埔出身の客家であり、清の乾隆年間（一七三五～一七九五）にペナンへ亡命してきたといわれる。同志の丘兆祥、馬福春とともに、天地会系の会党をペナンで組織したらしいが、彼の死後、人徳を慕ったメンバーが、大伯公の称号を彼に与えた。大伯公は、華人の間でトゥア・ペク・コンと呼ばれたが、マレー語では略してト・ペコンあるいはトコンである。墓廟はペナン・トコン岬の一画に今も祀られている。

張理は死して人格神の大伯公となり、多くの信者・同志を集めた。いわゆる大伯公信仰である。東南アジアにおける華人の信仰対象の多くは、道教や仏教の神々、関帝や媽祖（天后聖母）などの中国本土由来の人格神である。だが、大伯公信仰だけは、東南アジア独自の神格であったと華人は信じている。この信仰はまた後に、福建、広東、潮州、客家の同郷組織や建徳会などの有力会党の尊崇の対象ともなっていく。

さて、張理が東南アジアにおける民間信仰の始祖とすれば、その信仰をもとに会党の勢力を増強した人物が、クー（邱）と呼ばれる二人の華人である。

そのうちの一人クー・テン・パン（邱肇邦）は、福建省海澄県出身の客家で、一八四四年に秘密結社の大伯公会を創設した人物である。この会党は、義興会から分派した組織であるが、広東系の支配する三合会に対抗して、福建省出身の有力商人や貿易商をメンバーとして生まれた。以来、他の会党と同様に、指導者はもっぱら世襲となり、二人の息子クー・タクとクー・ワンが継承した。彼らは、一八五八年以降のペナンやマレー半島で多発した械闘に関与してきたといわれる。

もう一人の邱は、クー・ティアン・テク（邱天徳）、やはり福建省海澄県の出身であるが、英国臣民となる。クー・テン・パンとは直接の血縁関係は見られない。中国本土で教育をうけたのち、南シナ海・マラッカ海峡の海商として活躍し、一八六〇年以降は大伯公会の指導者となった。しかし、義興会に徴税請負権を奪われたために、一八五九年の暴動、一八六七年のペナン大暴動では火付け役となった。また、華人カピタンのチャン・

大伯公墓廟

ケン・クー（鄭景貴）と結託して、対岸マレー半島のペラク州の主な請負権や錫鉱山の経営を独占し、アヘン専売や中国本土からの猪仔（クーリー）口入れ業でも巨利を得た。一八八〇年には、会党首領から転身して、ペナン華人公会（平章会館）の設立に携わり、福建公墓の統括者として名を挙げている。

もう一人の華人マフィアの頭目を挙げておく。前述のチャン・ケン・クー（鄭景貴）である。

一八四九年に父と兄を頼ってペナンに来航し、ペラクのマレー大臣（ムントゥリ）、ラルー・ナ・イブラヒムの信を得て急速に頭角を現した。一八六〇年代から一八八四年まで、海山会の首領として、会党とマレーの藩王たちを巻き込んだ大暴動の黒幕となった。その後、植民地政府の調停による会党間の紛争を収めるパンコール協約（一八七四）の締結では、主役を果たすことになる。

彼はまた、起業家・文人としての顔を持っていた。ペラクの錫鉱山の開発では、水力ポンプによる鉱石採掘・精錬技術を導入し、それは、後の錫生産の技法に飛躍的な効果をもたらした。他方、一八九五年には、ペナン華人公会の会長（一八九五）、華人学校五福書院の理事長（一八九八）、福建・増城県の同郷組織、増龍会館の理事長などの名誉職を次々と務めあげた。彼の息子チュン・タイ・ヒン（鄭大平）も有力な錫鉱山主であり、ペラク州最後のカピタンに任じられている。

治安判事、胡氏

ペナン政庁は、大商人カピタンに土地・商業・徴税請負・鉱山開発の特権を与え、大商人は、会党を通じて華人労働者を掌握し、会党の頭目は、同郷・同業・同姓の帮組織を統御した。搾取と保護、「非合法の商い」と「統率と制御」という二重機能を、イギリスのペナン政庁に代わって担う。それが華人カピタンの役割であった。そのためには、植民地政府は、華人特有の宗教行事や慣行や服装には寛容であり、のみならず、徴税の請負、アヘン・酒の売買や仲介、富くじの上がり、錫鉱山、胡椒農園、アヘン栽培の経営、コショウ・アヘンの輸出入までも、大物華人に一任していた。その代償として、華人移民に関するあらゆるめごとと不祥事をうまく収めるのが、華人の指導者カピタンや秘密結社の頭目に求められていた。華人カピタンは、植民地采配の代理人として、最も便利で有能な自警組織であったといえる。

イギリスによる支配の代弁・仲介を担ったもう一つの名誉職・役職があった。それは太平局紳という称号・役職である。

太平局紳とは、Justice of Peace の華語訳で、植民地政府の統治に貢献したマレー人や華人、インド移民の指導者に付与される「治安判事」の名誉称号であり、実務としては、地域のもめごと調停や下級裁判の判事の役割を果たした。

その典型的な人物が、先述したペナンの初代華人カピタン、クー・レイ・フアンの孫に当たるクー・シャン・タット（辜上達）であった。彼は、シンガポールにおけるアヘンと密造酒の請負権を独占した最初のペナン人であり、また同時に、数期にわたってペナンの市政長官を務めた人物である。

彼のビジネスパートナー、フー・タイ・シン（胡泰興）もまた名誉華人の一人であった。

一八六七年に発生したペナン大暴動の華人側調査委員として原因究明にあたり、その功によって太平局紳の称号を与えられた人物である。

崩れる相互依存

大商人・会党首領・カピタンという三つの権能は、多くの場合一人の人物に掌握され、植民地政庁と会党とは、一九世紀末までは持ちつ持たれつの「良好な関係」を維持していた。

しかし、その良好な相互依存の関係も、一八六七年のペナン大暴動や一連のマレー半島における華人騒乱を契機に、一八九〇年に「結社禁止条例」が公布され、それ以後変化が生じた。植民地政庁は、「会党」を反社会的な「秘密結社」と位置付け、放置から法治へと政庁の姿勢を転換したのである。会党が恐れたのは中国への送還であり、それは彼らが中国では反社会的勢力として処断されるからである。以降も会館・公所が設立されたが、多くは合法的な体裁を取り、植民地政府に対して恭順の意を表した。もっとも、それは表面的・形式的であって、会党の矛先が同じ華人同朋に向けられている限りにおいては、依然としてその活動が黙認された。やがて、彼ら華人指導者と苦力の意識が同朋に対してではなく、清朝体制と英植民地支配者英国に向かっていく。イギリスの植民地政庁は初めて事態の深刻さに気付き、本格的な秩序の導入と制圧に取り組み始めた。大商人や会党の大物たちは、この間、清国が倒壊するのか、英国が彼らを抑えるのか、華人の利権が維持されるのか、情況を慎重に見極めていた。

ともあれ、孫文がシンガポールとペナンに逃避し、同盟会の志士とともに広州起義の再興を期していたのはこの時期である。ペナンの孫文を支えたのは、多くの無名の労働者＝クーリーである。だが、実質的に運動資金と様々な便宜を与え、財政面や生活面で孫文をもっとも強く支えたのは、機を見計らっていた大商人やアヘンの元締めなど、ペナンの華人有力者たちであった。これより後のことになるが、華人市民自身による権利獲得の動きも起こってきた。一九二三年には、華人の商店主や事務員は、日曜の休業反対や労働条件の改善を求めて、同市で初めての華人労働組合を結成した。それが「警頑聯友会（頑固者に警告する仲間たち）」という組織であり、華人の同郷・同業・同姓会館が集中するムントゥリ通りの一画にある。

孫文、ペナン逃避

「革命未だ成らず」。この言葉を遺して孫文が北京で終焉を迎えたのは、一九二五年である。それまで三〇年にわたって、革命の大義を広め、同志を募り、資金を得るために、孫文は中国本土と日本、ハワイ、アメリカ本土、カナダ、欧州、東南アジアの間を奔走した。その孫文は、断続的にシンガポールやペナンを訪れていたが、一九一一年の七月から四カ月の間、ペナンに仮寓していた。しかし、この時期の孫文は未だ国父・英雄たらず、苦悩の渦中にあった。ただその足跡をたどる詳細な史料がなく、断片的な史実から、再構成するほかない。

二〇〇九年に封切られた映画「孫文、一〇〇年先を見た男」は、この時期のペナンの孫文を描いている。一部は史実に即していて、実在の女性、陳粹芬との生活を中心に、孫文とペナンの華人が置かれていた二〇世紀初頭の厳しい政治状況に迫っている。しかし、彼が滞在していたペナンの状況と、映像とは大きく異なる。映像の情景が鮮明であるゆえに、逆に当時の孫文の苦境との大きなずれを感じさせる。また、ペナンの孫文は刺客にねらわれ、滞在先の隠れ家から辛うじて脱出したといわれているが、それ

警頑聯友会

も実際はどうであったのか。

ペナン市内の中山会館には、門外不出の資料があると聞いた。会館の許可を得て入手した華文の『馬新　中山会館、連合会第一八周年記念特刊』は、一九七三年にマレーシア各地の中山会館が、連合で発刊した孫文顕彰の特集号である。その記念誌には、「孫中山先生の生前の事跡」と題した編年史が掲載されている。そこには一八九五～一八九六年にロンドンの中国領事館に囚われていた「受難」の記録は詳しいが、その後は、「孫先生しばしば革命に奔走するも、失敗に遭う、しかし、その志を失うことなく、武漢起義に成功し、中華民国を建立……」と数行の記述のみで、ペナンやシンガポールでの孫文の言動や関係者などの記述がまったくない。

『孫中山会館誌』

世界各地に雄飛した孫文の姿、各地での政治活動や様々な演説、華やかな人脈、そして宋慶齢をはじめとする多くの女性たちとの出会いと別離。それらについては、数多くの研究や報告がある。それにしても、なぜ、ペナンでの孫文の存在は希薄なのだろうか。

革命直前、孫文のペナン滞在は四カ月と短期間であった。にもかかわらず、この間に東南アジアの華僑が置かれていた政治・経済・社会の状況は、あまりにも混沌としていた。こういう状況であったためか、孫文の当地での言動や事跡について記録は少なく、歴史的な評価も定まっているとは言えない。日本での孫文研究や孫文自身の備忘録にあたっても、ほとんど史実が明らかにならない。

ペナン、辛亥革命前夜

一九一〇年、時に明治四三年。国内では大逆事件の検挙など一連の思想統制の嵐が吹き始めていた。対外的には、韓国の併合とその後の朝鮮総督府の設置、そして一九〇七年に設立された南満州鉄道を足がかりとした中国北部への進出拡大など、内政・外交の強権策が着々と進んでいた。そうした一連の出来事は、やがてアジア全土の大変動の予兆となる重苦しい気運を漂わせていた。

この時期、孫文はめまぐるしく移動していた。その行動を日本の孫文研究概論をもとにたどる（『孫文と神戸』（一九八五）、『孫文と長崎』（二〇〇三）『孫中山在檳榔嶼』（二〇一〇））。

一九〇五年八月、孫文が東京で結成した中国同盟会は、その東南アジアの拠点（南洋支部）をシンガポールに置いた。一九〇六年に初めてペナンを訪ねた孫文は、呉世榮を会長、黄金慶を副会長、二二人の成員で「同盟会ペナン分会」を組織した。

一九〇七年初頭には、胡漢民、黄興、汪精衛らがペナンの平章公館に糾合し、孫文はここで「滅満救国」の演説を行ったという。

一九〇六年～一九一〇年の間、中国本土では少なくとも九回の起義（蜂起）を起こしており、中でも一九〇七年の黄崗起義の失敗は大打撃となった。

一九一〇年五月三〇日に孫文を乗せた船は、ハワイを出港、六月一〇日横浜港に着く。その足で孫文は、宮崎滔天として広く知られる思想家、宮崎寅蔵宅に身を寄せるが、間もなく日本政府の知るところとなり、六月二三日に国外退去を命じられる。この退去処分は、一九〇七年三月に清国政府の意を受けた日本政府の命令以来、孫文には二度目であった。翌六月二四日、東京から列車で神戸へ、六月二五日、神戸の埠頭を離れた外航船安芸丸は、七月一一日にシンガポール港に到着。その八日後、航海中に寄港した香港での船上で対面した母、楊氏が亡くなる。そして一九一〇年七月、二〇日ペナンに到着する。

一九一〇年八月、中国同盟会南洋支部はシンガポールからペナンに移され、以降この地が東南アジアの中枢拠点となった。

同年一一月一三日、孫文は、ペナンの南北を走る目抜き通り、ダト・クラマット通り四〇四番地の邸宅に同盟会幹部を招集し、第二次広州起義を提起する。これがのちに「ペナン会議」と呼ばれる秘密会議であった。調べてみると、ペナンの有力華商の旧居は、すでに取り壊されて現存していないのである。その直後から、孫文はマレー半島西北部の都市イポをはじめ、マレー半島各地で会議を開き、起義の資金集めと同志の糾合に奔走した。

翌一一月一四日、孫文は同盟会の緊急会議を開き、第二次広州起義の具体策を練っている。その場所が、華名の打銅街つまりアルメニア通り一二〇番地に現存する家宅である。

一九一〇年一二月、清国政府はイギリス、オランダの植民地支配国に対して、孫文の入国を拒否するよう要請した。す

イポ会議

同盟会

でにフランス政府は、一九〇八年に仏領インドシナ（ヴェトナム）への孫文の入国を禁止していたから、東南アジアのほとんどの国に足を踏み入れることができなくなった。結局、一九一〇年一二月にペナンを出港、パリに向かい、さらに一九一一年一月に、大西洋側からアメリカ大陸を横断して、サンフランシスコに到着した。この間、一九一一年四月に起こった広州起義の報は、シカゴで聞くことになる。

アルメニア街の孫文

さて、孫文が広州起義を謀ったアルメニア通り一二〇番地である。ジョージタウン市の中心部を少し南西に外れたカーナボン通りと、北東から南西に走るバス道のパンタイ通りに挟まれ、その東西わずか三〇〇メートルに、道幅わずか六メートルほどの小路が通じている。それがアルメニア通りである。その西端の二階建て長屋、ショップハウスの一角が、孫文が同志と密議をこらした場所であった。「孫文記念館」という案内板がなければ、そのまま通り過ぎるほど何の特徴もない建物である。この通りには、今では小さな貿易会社の倉庫や、自動車の整備工場や廃品解体作業場などが雑然と並んでいる。昼下がりの通りには、上半身裸の華人の職人たちが板金作業に精を出している光景が見られ、かつての食器職人街であっ

アルメニア街の孫文寓居

た打銅街の名残がわずかに感じられる。

この家の家主で旧知のクーさんと夫のナスチオンさんは、PHTの中心メンバーである。この家屋は、一九二六年以来政府公認の武器商人であった先々代から引き継いだクーさんの管理に委ねられている。二〇〇八年にペナンが世界遺産に指定され、二〇一一年に辛亥革命一〇〇周年を迎えたことを契機に、この個人宅は孫文記念館に衣替えした。筆者はペナン訪問の際には、必ずこの家をたずねる。この一角は、シンガポールやマレーシアの典型的な長屋であるショップハウスが連なる。一階は商店、二階が家族の居室となっているその長屋群の一部が、かつての孫文が革命を謀議していた隠れ家である。間口幅は約一〇メートル、左右に観音開きの木枠の窓があり、中央には間口二メートルほどの木の扉の入口、その上には裕榮荘の扁額がかかっている。入口をくぐるとすぐに、一〇〇平方メートルばかりの広間があり、その奥にもう一室同じ大きさの居間が続く。薄暗い広間の中央には磨き抜かれた黒檀の大テーブルが据えられ、年代物のイスが数脚置かれている。広間の壁には、孫文像や革命仲間の写真、額に入れられた当時の新聞の切り抜きが四面にかけられている。

　広間の奥には小さな屋内庭園と台所と物置が、その左手の階段は二階に通じる。階段の後ろには、北の路地に面した小さな木戸がある。孫文は危急に直面して、この木戸から脱出したと地元の人たちが伝える。そして、

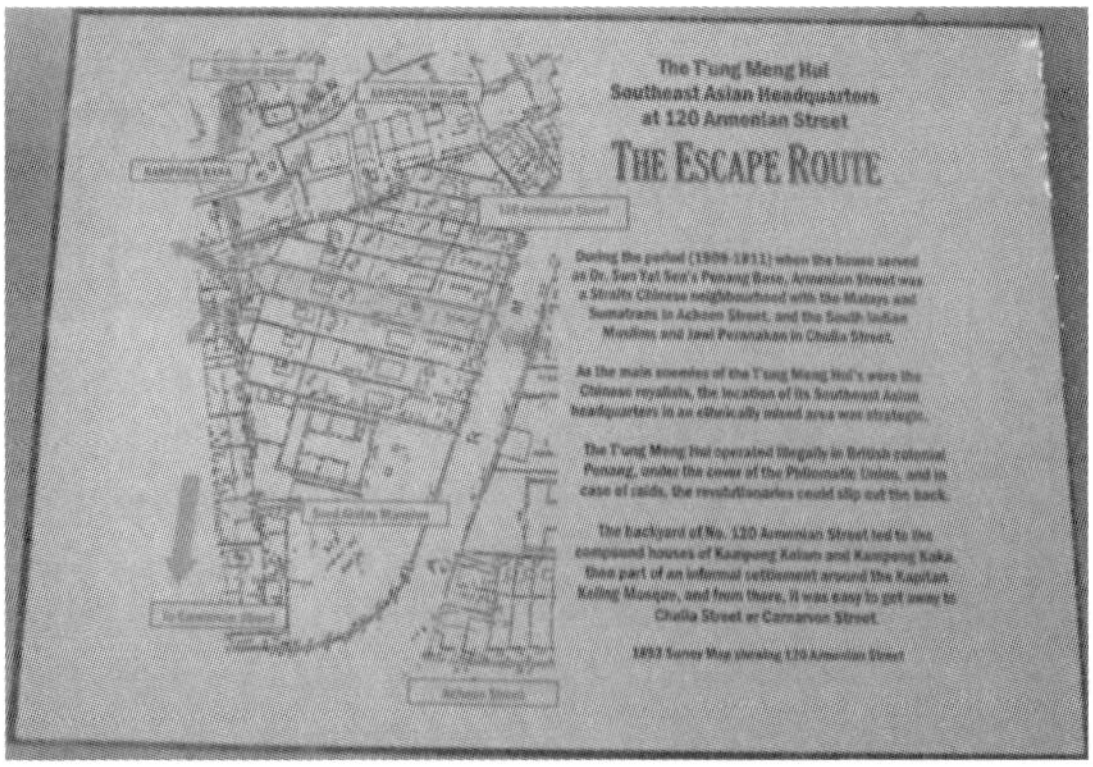

孫文逃走ルート図

この記念館内にも、孫文の逃走経路を示した略図が掲示されている。しかし、筆者が実際にこの周辺を歩き資料を探しても、史実としては確認できていない。

吹き抜けの薄暗い広間には、武装蜂起に失敗して死んでいくことになる、中国同盟会の同志が一堂に会した写真が掲げられている。孫文や彼の同志たちはこの広間で、この卓上に資料を広げて、いったいどんな議論をしていたのだろうか。

一見華々しい活躍の中で、この時期の孫文は、手痛い失敗と挫折と分裂の危機に見舞われ続け、失意のただ中にあった。

インド人カピタン、カディル・ムハディーン

さて、フランシス・ライトの巧妙さは、カピタンという統治システムを中国人移民だけでなく、インドの移民集団にも適用したことである。

第三章で述べたが、ペナンには二つの主要なインド系移民集団が定住していた。クリンおよびチュリアである。前者はヒンドゥー教徒、とくに南インド出身のタミル系ヒンドゥー、後者は南インド出身のタミル系ムスリムである。いずれも、マラッカ海峡やベンガル湾そしてシャム、インドネシアに及ぶ広域海洋商人として、一七世紀以前から活躍していた。

一七八六年、ライトのペナン上陸に随伴して、タミル系ムスリム商人のカディル・ムハディーンがやってきた。彼の素生や活動について詳細は不明である。だが、胆力の備わった人物であったのだろう。彼はムスリム、ヒンドゥーを問わず、ペナン定住のインド系商人たちの統括者としてライトに認められ、ピット通りとチュリア通りの一帯をイ

ンド系住民の居住地として安堵された。その一角には南インド系イスラーム教のモスクが一八〇一年に建立され、のちにカピタン・クリン・モスクと名付けられた。

ライトがインド移民の頭にもカピタンの肩書きを与えたのは、華人カピタンとは違った意図があった。

インド系移民は本来、南インド出身者が多数を占めており、ことばや宗教の違いがあったとしても、華人移民ほどに出身地やことば、慣習の多様性や対立関係は見られなかった。また、南インド社会にはもともと、会党や秘密結社のような組織も結合原理もなかった。だからインド移民を掌握するには、出身の村や所属カースト集団の主だった者だけを把握しておけばよかったのである。

インド移民の頭目、タライ・バン

南インドでは、古来、村の組織やカーストなどの指導者は「タライ・バン」と呼ばれていた。それは文字通りタライ（頭）・バン（人）あるいは首長といった意味であり、公的な役職名でもなく、特定のカーストの権能でもなかった。だが、たいていは世襲され、人望・指導力・胆力・名声に長けた有力者であった。村の指導者ならば「村（ウール）の長（タライ・

カピタン・クリン・モスク

バン）」、カーストの指導者ならば「カースト（ジャーティ）の頭人（タライ・バン）」である。

さらに、後述するように、ヒンドゥーの移民の場合には、寺院が主催するクットゥー（「結びあう」の意味）文字通り「結い」として知られる頼母子講に大多数が所属していた。だから、寺院の長とそのパトロンであるチェッティなどの有力商人を通じて、集団の長たるタライ・バンを把握することで、統治をスムースに行うことができた。

むしろ、多種多様な階層・出身地・職能・言語から成る華人をけん制するために、第三勢力としての移民による治安維持が重要となった。そのために、インド人カピタンを任命し、華人カピタンへの抑止勢力として利用しようとしたと考えられる。具体的には、ペナンの治安維持の兵力として、南インド系のムスリムを主として雇用し、その指揮者としてインド人カピタンを任用したのである。

第二章、第三章でも触れたように、植民地政府の現地駐屯軍として、一九世紀初めからパンジャーブや南インドから、警官や兵士として移民が送り込まれた。彼らの中でも、とりわけハビルダールやジェマダール、セポイと呼ばれた南インド・ムスリムの兵士が重要な役割を果たした。その代償として、彼らの祈りと宗教儀礼の場であるモスクの建立が要求された。これを受けて、一八〇一年には、カディル・ムハディーンは当時の副総督リースに掛け合い、一八エーカーの土地を「宗教上の用途」という名目で取得した。やがてそれまでの木造平屋のモスクはレンガ造りに改造され、その敷地にはムスリムの墓地も付設された。のちにカディル・ムハディーンの遺言どおり、彼はこの墓地に眠ることになる。

さらにもう一つの狙いが、ライト及びその後継者のリース総督にはあった。

南インド出身のチュリアは、インド、インドネシア諸島、マレー半島、タイなど、南アジアと東南アジアとを多角的に結ぶ広域交易商人であった。オランダやフランス、イギリスの東インド会社が台頭し、チュリア独自の交易活動が狭まると、今度はこれら海域を熟知する水先案内人としても重用された。しかも、インドネシアやマレー半島の住民と共通するムスリムの仲間は、港から内陸への進出に有利であった。東インド会社のペナン支社そしてのちに直轄支配を目指したペナン政庁は、一方で華人カピタンを通じて、中国人とその経済圏である南シナ海・マラッカ海峡圏への統御を図り、他方でインド人カピタンを通じて、インド商人によるマラッカ海峡経済圏とベンガル湾全域の経済圏の支配を狙うという、東西両面政策を取ったのである。

第五章

日本人町、彼南市の興亡

戦前の日本では、東南アジア世界は「南洋」と呼ばれた。その印象は、それほど多彩ではなく、限られた「南洋」イメージにとどまっていた。国際化が急速に進んでいる今でも、状況はそれほど変わり映えはしない。とりわけ、東南アジアの半島部、いわゆるマレーについてのイメージといえば、作家・金子光晴が『マレー・蘭印紀行』（一九四〇）で描きあげた、肌に粘っこい湿気と暑熱に絡みとられたもうろうたる「亜熱帯」世界に集約される。

だが実際にその現場に立って見ると、金子がかつて描いた昼下がりのバトゥ・パハッは、赤道直下の陽光と赤土の砂塵が舞い上がる荒涼たる光景で、訪れる誰もがその素っ気なさにがっかりする。金子が描き上げた「古典的なモンスーン・アジア」の世界、その粘度の高い感覚は、今やすっかり色褪せている。ましてや、その北にあるペナンといえば、今ではリゾート地、年金者のリタイア地としての知名度が高い。この島にかつては早くから日本人が定住し、そして小さな日本人街をひっそりと形成していたことは、あまり知られていない。本章では、この日本人町の記憶をたどってみたい。

ポルトガル人街、レボ・シントラ

ジョージタウンを南北に走るペナン大路とジャメマスジッド・カピタン・クリン通りのほぼ中間、東西のチュリア通りとキャンベル通りに挟まれたわずか一〇〇メートルの小路が、シントラ街である。この街には、先述したように、一九世紀にはいってプーケットやマラッカから移り住んだポルトガル系ユーラシア人が、しばらくの間滞在し商業を営んでいたという。なぜシントラというのか、そのゆえんを知る人々は現地でも数少ない。

シントラとは、ポルトガルの首都リスボンに次ぐ第二の町である。リスボンの北西三〇キロ、市街を西にたどれば、大西洋の荒波打ち寄せる岩礁、ユーラシア大陸最西端のロカ岬に至る。ムーア人がこの丘に城塞を築いたシントラは歴史的な名所であり、現在は世界遺産となっている。

話は少しそれる。一五八四年八月一〇日、日本の天正遣欧使節の少年たちは、時の神聖ローマ皇帝マクシミリアン二世の息子、アルベルト・アウストリア枢機卿に、このシントラの町で謁見している。丘の上に立つ古城と景観の美しさによって、「エデンの園」ともたたえられている街でもあった。この街のたたずまいと、マラッカ海峡のペナンとの関わりを知りたくて、筆者は二〇一一年の初めにシントラを訪ねたが、新たな史実は得

ペナン・シントラ街

られなかった。

おそらくは、ペナンに到来したポルトガル人の男が、シントラ出身の船乗りであったのだろうか、この通りはいつの頃からか、レボ・シントラ＝シントラ通りあるいはポルトガル人街と呼ばれた。今では衣料店や電器店、それに小さな雑貨店が並ぶ閑散とした地区で、昼下がりにこの通りをぶらりと歩くと、ひたすら眠っているかのようなけだるさを覚える。

二〇世紀を迎えると、ポルトガル系ユーラシア人たちは、この街路からどこかに移り住み、代わって数軒の日本娼館が営業するようになった。やがてジンリキシャと酔客が頻繁に往来し、客を呼び込む女の嬌声が飛び交う喧騒に満ちた巷に変貌する。

地元の人たちが「ジプン・カイ＝日本人街」と呼んだ、このシントラ通りを中心に東西南北に広がる——といってもわずか三〇〇メートル四方の空間——には、カラユキさんをかかえた娼館やホテルが急激に密集していった。表通りのチュリア通りには、ペナンの港に停泊する商船の乗組員や国際航路の客たちが、一時滞在する大小のホテルも立ち並んでいた。その一角に、後述する当時の有名ホテル「朝日ホテル」もあった。

チュリア通りから南に奥まった路地を一〇メートルも入ると、マレー・インド様式の木造二階建てのしもたやがある。「ジプン・コンカン、日本人公館」である。当時は、木の階段を上がるとすぐ、小さな広間があり、バーとビリヤード台が置かれ、ペナン在住の日本人がひとときの安らぎを求めて集った社交クラブとなっていた。だが現在で

「シントラ」と「日本街」の名をとどめる看板

ポルトガル・シントラ

旧日本人公館

旧大阪屋

は、入口に掲げられていたはずの「日本人倶楽部」の表札はもうない。二〇一〇年に訪れると、木造の家屋はすでに傾きかけてはいたが、格子窓には洗濯物が無造作に干され、上り口にはスニーカーが脱ぎ捨てられていて、現地の人が住んでいる気配があった。

そこから少し西、ペナン大路には、当時、ペナン最大の雑貨屋兼食料品店の大阪屋があった。今日、日本人客が多く滞在するシティテルホテルのわずか二〇〇メートル南である。この店では当時「メリーミルク」で知られた缶詰の練乳が人気商品で、現地のマレー人や華人も買ったという。彼らの好物である、かき氷のアイスカチャンにかけたり、濃いアラビアコーヒーに入れたという。安価ではなかったが、ともかくこのコンデンスミルクは売れたらしい。店はもう人手に渡り、現在では、インドネシアの海外送金業「Western Union」の営業店と中国骨董店「昌勝」が軒を連ねている。

旧日本街、旧新町街案内板

だがかつての賑わいと華やかさも、次第に人々の意識から薄らいでいった。現在では、チュリア通りとチントラ通り角の壁面にひっそりと記録が残されているだけである。広東語、福建語、英語・マレー語で併記された地名標識と、英語・マレー語・タミル語で抄録された街路の説明板である。そこには、「日本横街」「新町横街」「日本寨街」「打炮街」と記されている。

彼南市の「おことさん」

明治から昭和にかけて、日本人は現在のペナンを「彼南《びなん》」と記していた。この彼南にいったいいつ頃から、日本人がやって来たものか定かではない。しかし、後述する『南洋の五十年』は、「在南（ペナン）五〇年に上るおことさん」なる女性がいたと記している。伝聞に基づいているから、彼女がいかなる人物で、どんな経緯で渡ってきたのか、どのような生涯を送ったのか、一切は不明である。ともかく、同書の記述が昭和一〇年のことだから、明治一〇年代には、「おことさん」はすでにペナンにいたはずである。

さらに、同書はいう。「ペナンにおける日本人会共同墓地の創立は明治三四年であるが、それ以前の日本人墓には明治二六年の銘が残る。さらに、ノーザン路の外人墓地（筆者注：現在のE&Oホテルの筋向かいに残るプロテスタント墓地）に（日本人の墓が）四つあり、最も古い墓は明治一一年の井上某の墓、そしてさらに年月不詳、濱野何女ウイリアム建立銘の墓が存在する」と。

筆者は二〇〇四年一〇月、一一月、二〇〇五年二月の三度にわたって、湿度八〇パーセントの猛暑の中、朝から昼過ぎまで、E&Oホテル向かいの草深いノーザン路の墓地をしらみつぶしに探してみた。だが、朽ち果てたのか移葬されたのか、ついにこの墓碑を見つけだすことができなかった。今のところ、他の場所から見いだされたという報告もない。

いずれにせよ、現地での伝聞記述や墓地の記録からたどると、最も早くは明治初年に、遅くとも明治半ばには日本人が滞在していたと推定される。

明治期在ペナン日本人

日本外務省の出先機関は、東南アジアの在留邦人について、詳細な記録を残している。そのうちの現地報告の一部である手書き資料「明治一九年～明治二四年　海外在留邦人職業別調査一件」には以下の内容が明記されている。ここから明治期のペナン在住日本人の生活が窺われる。以下に資料を示してみる。

彼南

職業別	戸数	人員 男	人員 女	計
医師	一	二	一	三
歯科医	一	三	／	三
写真業	一	七	二	九
鏡類製造業	一	二	／	二
雑貨商	二	二	四	六
薬店	二	二	一	三
宿屋業	二	六	四	一〇
活動写真業	二	二〇	三	二三
理髪業	一	二	一	三
吹尺業	一	／	一	一
養鶏業	一	一	一	二

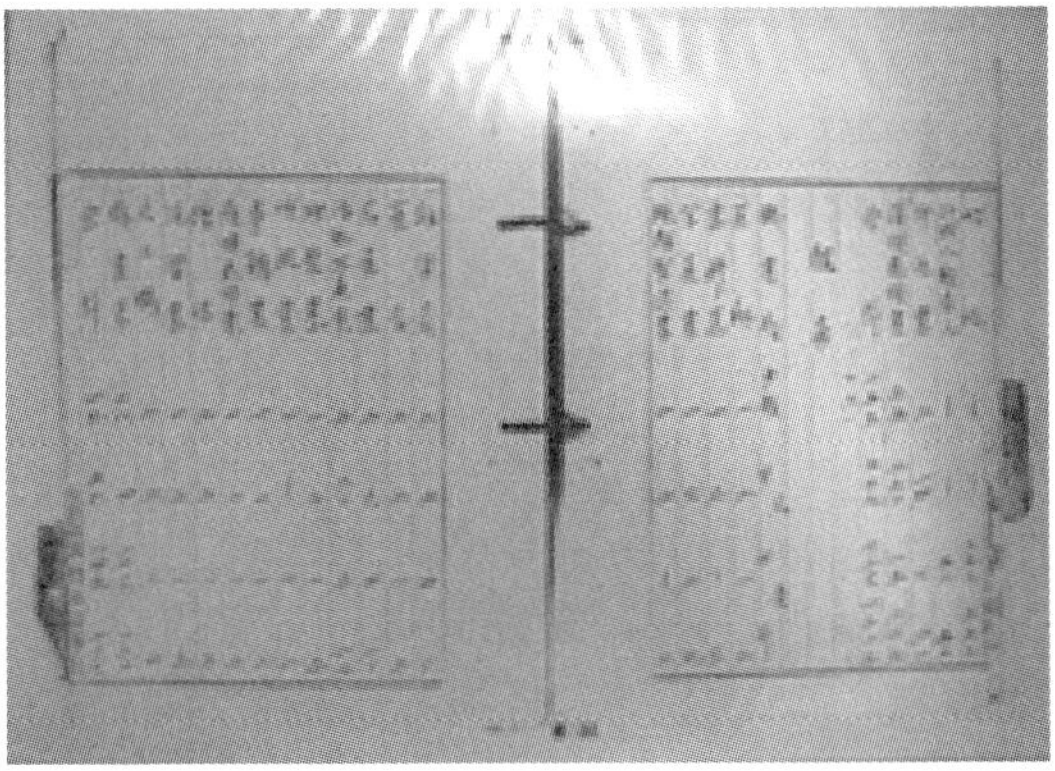

領事報告書「職業別一覧」

護謨栽培業	一	一	一	二
僧侶	二	二	一	三
洗濯業	一	二	一	三
大工職	二	二	二	四
賤業者	二八	四	一二六	一三〇
合　計	四九	五八	一四九	二〇七

前記資料のうち、「吹尺業」とは鋳物・鋳掛屋であり、活動写真業は無声映画館、護謨栽培業はゴム農園で、おそらくは家族経営の小規模なものであっただろう。当時、対岸のケダやペラクには、日本人のゴム農園経営主が相当数いたようだが、ペナンにはこの一家族だけであった。そして賤業者とは娼館、つまり、からゆきさんなどの娼婦と娼館の経営者たちであったと思われる。

この資料から見る限りでは、日本人が一つのコミュニティとして生活しうる最小限の職業が充足されていた。医師・歯科医師・薬業は、在留邦人全員の健康管理だけでなく、とくに「娯楽とカネ」を生み出す娼婦の「衛生管理」にとっても重要な存在であった。また、一三人の従業員を抱える二軒の「活動写真業＝無声映画館」は、おそらくはこれも家族経営であっただろうが、それにしてもその人数は群を抜く。アジアに初めて映画興行を打ったのは、ペナンやシンガポールの日本人であり、その中には孫文を全面的に支援した梅屋庄吉がいた。また、二〇世紀初頭にペナンに初めて写真館を開業したのも、「オカニワ某」なる日本人であったといわれる。梅屋庄吉については、近年、身内の人々による情報公開といくつかの評伝が著され、改めて歴史的な評価が行われつつある。しかし、「オカニワ某」という人物については、現状では資料が見いだせない。

先述したように、チュリア通りとキャンベル通りはホテル街であった。その中でも、シントラ通りから西に二ブロック離れたトランスファー通りに、店を構えていた朝日ホテルは有名であった。その広告には「各官衛　各会社各輸出組合　指定旅館」と大書してあり、政府の役人や商社員など、日本や東南アジアの各地から多数の邦人が来航しては利用していたと考えられる。その背景には、明治二六年の日本郵船による神戸～ボンベイ航路、その三年後の明治二九年の欧州定期航路の開設があり、ペナンに寄港する邦人の増加がうかがえる。

ところで、二八軒一三〇人の娼館の人数、それは全在留邦人の六割にも達する。シンガポールやボルネオ島のサンダカンについては、日本人墓地とそこに葬られている無名・無数のからゆきさんについての実態も少しは明らかになっており、山崎朋子氏の『サンダカン八番館娼館』（一九七二）や大場昇氏の『からゆきさんオキクの生涯』（二〇〇一）でも描かれている。しかし、これまでほとんど注目されなかったペナンの小都にさえ、早くも明治中期には、少なからざる数のからゆきさんが渡っていたのである。写真館・映画館・娼館・旅館の「四館」は、筆者によれば南洋に進出した日本人がアジアにもたらした先端的娯楽であったといえよう。

『南洋の五十年』に描かれた彼南

海外、とりわけ「南洋」における邦人の活動を記録した資料には、たとえば入江寅次郎の『邦人海外発展史　上・下』（一九三八）、同『明治南進史稿』（一九四三）などに詳しい。しかし、東南アジアや南アジアの記録は、その中でもきわめて限られていた。なぜか。

日本人の「南洋」観には、西欧とくにイギリスやフランスの「オリエンタル」観と重なる視点がある。だが、その歴史的な文脈は大きく異なる。前者が資源・領土・領海圏の三位一体のトータルな「帝国支配観」であるのに対して、日本の南方・南洋論は、資源・出稼ぎ・情緒的統治といった「ランダム進出論」であった。ランダムというのはこうだ。

西欧の帝国列強は、内陸・海洋・島嶼の三つのアジア部を密接に連結させながら、世界的な領域・資源ネットワークの独占をもくろんでいた。それに対して、日本では明治以来、大陸進出（北進論）が主眼であり、南太平洋からインド洋までを含むアジア諸地域に対する「地政・海政学」の体系的な把握は弱かった。結果として「南方」という地理的・民族的・政治的な視野は狭まり、あったとしても、それは断片的・局地的で、歴史的な深まりをもった大局的な視座からは程遠いものであった。その点は矢野暢氏が鋭く指摘している（『「南進」の系譜、日本の南洋史観』千倉書房、二〇〇九）。大東亜共栄圏に見られる汎アジア同朋論はあえていえば叙情的でさえあった。そうした情況の中で、『南洋の五十年』は、原地調査の中での見聞に基づく、ある程度現実的な分析を試みていた。

昭和一一（一九三六）年、シンガポールの「南洋及日本人社」は、創業二〇周年記念として「在南邦人五〇年史」の編纂事業を立ち上げた。その報告書が、七〇〇頁に及ぶ大著『南洋の五十年』である。本書は、南洋及日本人社の社主であった當房盛吉と南洋日々新聞記者の野村汀生による、マレー半島の概況報告と踏査記録である。野村汀生はこの事業の一環として、昭和一一年七月に、網羅的にマレー半島の実地調査を行って、「馬來半島縦走記」を著しており、その中にペナン日本人会に関する報告が含まれている。その内容にはかなり誤りもあり、詳細な検証が必要な点もあるが、昭和初期の東南アジア半島部の状況、とくに日本人の生活実態を知るには貴重なドキュメントである。本書は、シンガポール日本人会より復刊されている（再刊年不記）。同書の調査報告から、当時の日本人社会の姿を次に再現してみる。

彼南日本人会

大正から昭和にかけて、日本郵船の欧州航路を利用した日欧交易の隆盛、シンガポールを拠点としたマレー半島やインドネシア・タイなどを経由した資源輸入の拡大などに伴って、様々な職種の日本人が一攫千金、海外雄飛の夢を追って「南洋」に到来した。記録に残るペナン在職者四七名のうち、明治期に一〇名、大正期に二一名、昭和初年に六名が到来しており、来訪時期の最も早い者は明治三九（一九〇六）年であった。

ペナンでは、大正初期には日本人会が組織されており、集中的に活発な活動を行っていた。その様子は、大正四（一九一五）年から昭和一〇（一九三五）年にかけて記録された、在シンガポール日本総領事館書記の日記抄に詳しい。その資料から当時の日本人の活動をたどって見る。なお、資料本文のうち一部は現代の表記・表現にかえてある。

〈彼南（ペナン）日本人会沿革〉

「大正四年九月、藤井領事馬來半島視察旅行の途、彼南に立寄り、在留邦人に日本人会設立の急務を説き、依って在留民大会開催、旧慈善会及青年会を解散し、……彼南日本人会創立委員を選挙し、数回相談会を開き、同月一九日発会式を兼ね第一回委員会開催役員七名を選挙した」

「同日日本人会仮事務所をチュリヤ街田中ホテル内に設けた」

「同一〇年（一九二一）五月事務所をリース街二〇号に移転、日本人会倶楽部を設置し賛助会員を以て組織し撞球部及びバーを設けた」

「同一四年（一九二五）五月事務所を彼南路五十二号に移転」

「同六年（一九一七）四月、彼南日本人会墓地に於いて火葬を政庁より認許され、墓地買入れに付き約千二百弗の寄付金を募集す。」

大正四年以前には、すでにペナン在住の日本人の間に相互扶助を目的とした「慈善会及び青年会」が組織されていたようだが、その実態は不明である。大正四年に在シンガポール領事館領事の提言によって、初めて日本人会が結成されたことが明らかになる。三度の移転を経て、結局、日本人会はペナン大路に落ち着いた。大正一〇年に設置された日本人倶楽部も、おそらく当初は、前述のチュリア通りの「ジプン・コンカン＝日本人公館」であり、その後リース街に移転したと思われる。

昭和九年四月九日の記録には、「従来より邦人児童教育に関し、たびたび評議の結果……本会経営彼南日本人会邦語学校開校を決し、新嘉坡総領事館に設立請願書を提出」と記録されている。だが、翌昭和一〇年七月二二日、記者野村汀生の訪問時には、すでに「日本人会即ち学校」が開校されており「在校生徒千二三名（「千」は「十」の間違いか？）、三年（間？）までで午前中一年、午後二時から四時までで二年と三年を一人で教える富永先生」が担当していたのである。家族・子弟同伴の在留邦人も増加しつつあったのだろう。

昭和一〇（一九三五）年のペナン在留邦人は約二〇〇人、登録営業者は上述の四七名であった。

この四七名については、それぞれの職業・氏名・生年月日・出身地・現住所・開業年月・渡来始期の記録があり、それらから以下の内容が明らか

大阪屋・朝日ホテル広告

になってくる。

輸出入業（洋行・公司・商会）一〇名、歯科医六名、理髪業五名、ホテル業四名、写真業四名、製靴業二名、僧職二名、電器商、洗染業、医師、薬局、クリーニング、輸出組合員、製菓業、パーマ、時計商、灸針師、日本語教師、剥製業、倶楽部請負業、職業不詳　各一名

前記日本人会名簿から明らかなように、営業種目のうち最多のものは、洋行・公司・商会などの商号をもつ輸出入業であり、この時期の交易の繁栄ぶりを示している。またそれに次いで多い歯科医は、南洋における食生活の厳しさを推測させる。四軒のホテル「朝日ホテル」「ロンドンホテル」「日本ホテル」「彼南ホテル」のうち、朝日ホテルは別格であったのか記録に頻出する。彼南ホテルは個人商店の、そして日本ホテルは漁業公司の兼業であった。それらの中には娼館を兼ねたものもあったという。

これら有職者のうち半数以上を占める二七名は、ペナン通り、ペナン大路、リース通りといった、おもに華人や西欧人が混在して交易活動を行うビジネス街に集中している。一つの地域に集住して、独自のエスニック街を形成した華人やインド人あるいはユーラシア人と違って、孤立した日本人街を作るということはなかったようである。

慈善と廃娼運動

二〇〇三年、筆者は短期間カリフォルニア州ロス・アンジェルスの日系人社会、リトル・トーキョーでの相互扶助に関する調査を行っていた。リトル・トーキョーの真ん中に立つ高層の高齢者生活施設、通称「トーキョー・タワー」の住民の生活と、その真下にある教会での、ボランティアによる給食支援や、郊外の日系人高齢者養護施設で

の介護に関する実態調査、さらに彼らがエバー・グリーンと呼ぶ、ロス・アンジェルス郊外の広大な日系人墓地の見学が加わった。

こうした在外日本人調査の中で、しばしば耳にする話題は、彼らにとって祖国である日本での災害への憂慮と、被災者への支援活動であった。海外在留邦人は、現地における自らの相互扶助だけではなく、日本での様々な被災への敏感な反応と具体的な支援に力を入れていることが明らかになった。実は、大正・昭和期ペナンの在留邦人の活動記録を読むと、内外の被災に対する「援助者」としての活動がかなり活発であったことが分かる。先述の『南洋の五十年』には、在ペナン日本人による日本の被災地への支援の記録が詳細に記されている。それは次のような内容であった。

「昭和元年二月馬來半島奥地に大洪水あり、被害甚大と聞き百弗を寄贈した」

「昭和二年三月六日奥丹後地方に大地震あり。被害甚大に付、義捐金を募集し四月被害地に送金」

正確には、昭和二（一九二七）年三月七日、死者二九二五人、被災家屋一万六〇〇〇戸を出した北丹後地震のことである。

「昭和八年四月三陸地方に震災有り、有志主催義捐金を募集し、新嘉坡（シンガポール）日本人会を経て、九七弗五〇仙を被害地に送付した」

正確には、昭和八年三月三日の三陸地震で、死者三〇〇八名を出した。

「昭和九年四月北海道函館市に大火あり、義捐金を募集し、総領事館を経て被害地に送金した」

正確には、昭和九年三月二一日の函館大火であり、焼死六五〇名、焼失家屋二万二六〇〇戸を出した関東大震災に次ぐ大火であった。

「昭和九年一〇月関西地方に大風水害有、被害甚大に付一般邦人より義捐金を募集し総領事館経て送金す」

正確には、昭和九年九月二一日の室戸台風であり、死者・行方不明三〇六六名、全壊・流出家屋四万戸の大災害であった。

「昭和一〇年四月台湾に震災あり、総領事館経て義捐金送付」
「昭和一〇年四月彼南市主催ジュビリー記念事業として養老院設立の寄付金募集に応じ本会においても一般在留邦人より寄付金を集めた」

今日と違って電波・電子メディアの速報はなく、船便などが主な情報手段であっただろうから、時期には若干のずれと事実誤認が生じたのは仕方がない。しかし、彼らの慈善・救援活動への力添えは、並々ならぬものであったといえる。

東南アジアでは、軍隊に先だって娘子軍と呼ばれたからゆきさん、娼婦が常に「南洋進取」の先陣を張っていた。先述したように、「明治一九年～明治二四年　海外在留邦人職業別調査一件」には、ペナンだけでも「賤業者二八戸、一三〇人」と明記されている。また、「新嘉坡総領事館日記抄」には「大正五年邦人醜業婦調査」と題して、シンガポール、マラッカ、ペナン各地の娼家・娼婦について次のように報告している。

	娼家	娼妓
新嘉坡	七〇	三八〇
彼南	三一	一二三
マラッカ	一〇	四三

「その他半島を合し総計一千五百名と称せらる」

「公然あるいは暗黙に存在を認めてきた醜業婦」とみなされた女性について、その数は在留邦人総数に対して、あまりにも大きい。同年六月のシンガポール総領事館所管の在マレー「在留邦人の総数七千名」に対して、娼婦一五〇〇名である。シンガポールがその最たる地であったが、やはりペナンも多い。明治二四年の二八戸、一三〇人から、昭和一〇年の娼家三一、娼妓一二三名と、時代が変わっても娼婦の人数はそれほど減少しない。

明治三五年、時のイギリス植民地政府であるシンガポール政庁は見かねたのであろう、「婦女の渡航に付き一層厳重取締り方申し出」を日本側に行っている。

大正九年一月、「各地日本人同代表出星（シンガポールへ出向き）、自発的に廃娼断行を決議し、同年六月末迄に新嘉坡、馬拉加（マラッカ）等は廃娼を実行し、その他の地方も年末迄に実行すること決定、六月末現在娼婦数九百七十名、同十一月調査によれば新嘉坡廃娼数百八十四名その他の地方を合し九百五十四名にして残存者は五百名となれり」と報告している。しかし、ことペナンについては、その後の日本人会の記録においても、娼家・娼婦の記録はなく、また、廃娼運動についての言及は一切なく、その成果は不明なままである。

引き裂かれたエスニックの綾織り

ペナン、より正確にはその一角にあるジョージタウンとは、三平方キロばかりの地区に二万人を超す、しかも多種・多様な人々が蝟集する地区であった。当然様々な争い事や対立が起こった。実際、アルメニア通りについて述べたように、一九世紀後半には、この狭い地域に華人集団同士の激しい流血の抗争が頻発していた。しかし、ペナンの現地事情を報ずる当時の新聞や、日本人会の記録を見る限り、日本人経営の商店や個人が襲撃を受け、あるいは激しい「民族間の対立」に巻き込まれたという記録はない。おそらくは多少のいざこざや刃傷沙汰はあっただろうが、それは記録と記憶にとどめるほどのものではなかったようだ。様々な民族・集団の微妙な妥協と調和の中で、ペナンという島に織りこまれた日本人社会という綾織りは、やがて日本軍の侵攻によって、決定的に引き裂かれることになる。

それは、昭和一六（一九四一）年の日本軍によるマレー侵攻であった。軍の足跡を簡単にたどってみる。

一九四一年一二月七日深夜　マレー半島東部コタバルの海岸に上陸
一九四一年一二月一一～一二日　マレー半島ジットラ攻略→ペルリス→アロー・スター→ケダ侵攻
一九四一年一二月一九日　ペナン占領
一九四二年一月一一日　クアラ・ルンプール占領
一九四二年一月三一日　ジョホール・バル侵攻
一九四二年二月一五日　シンガポール、英軍降伏

一九四五年八月一五日、日本が敗れるまでの三年八カ月の間に、明治以来営々と築いてきたペナン在住日本人のイメージは激変した。

ここに手書き、謄写印刷の小冊子がある。市川忍氏編集の『第二次大戦の記録―ペナン』である。一九八七年三月、ペナン日本人学校発行によるもので、筆者の手元にあるのは小樽商科大学所蔵の原本である。

この冊子は三つの集団、正確にいえば、インド系、華人系の住民とペナン沖で撃沈されたアメリカ軍潜水艦USSグレナディア号の捕虜の、それぞれの証言が収められている。この記録から浮かび上がってくるのは、戦時中の日本人と現地の人々との関係である。その底流には、ペナンにおける日本人とインド系マレー人、華人系マレー人そして敵国人であったアメリカ人との間の、微妙な民族感情がうかがえる。

彼南新聞

帝國海軍航空部隊

猛爆加爾各答及摩里斯比

南太平洋連日空戰射落敵機四十二架

帝國大本營發表公佈

「彼南新聞」

本冊子の中に登場するインド系マレーシア人のR少年は、名前からして南インド人だと思われる。この少年にとっての「ジプン、日本人」とは、日本軍の初老の文官将校やサトウさんと呼ばれる将校であり、R少年が「友情」と感じたほどの親近感が生まれていた。そこには、当事者の個人的な性格や当時のペナンの状況にもよるが、日本に対する敵意や日本人による差別の感情はない。

しかし、華人系マレーシア人のLさんやTさんの証言は、ケンペイタイによる拷問と略奪と処刑と徴用の生々しい記憶である。それらは日本人の所業として、深くペナンの歴史に刻み込まれることになった。当時少年であったLさんの記憶は、日本軍人による斬首と華人のさらし首の光景であり、日本軍による物資の徴発であった。Tさんは共産活動を疑われて、ペナン刑務所に投獄された四〇〇人の容疑者のうち、辛うじて生きながらえた一八人のうちの一人である。彼が在学していたペナン名門のチェン・リン高校が、抗日運動の先鋭であったという理由で逮捕・拘禁され、激しい拷問を受けたという。T氏の従兄は「日本軍兵士」として徴用され、タイで行方不明となり、T氏の友人の甥は一五歳で逮捕されて以後消息不明となる……。

こうした記憶は戦後、ペナン西南郊外のアイヤー・イタム通りに建立された「檳榔嶼華僑抗戦殉職機工罹難同朋記念碑」に刻みこまれ、七〇〇〇人以上もの華人殉難者が祀られている。

一九四三年四月二一日、アメリカ海軍潜水艦グレナディア号は、マラッカ海峡で日本の石油タンカーを撃沈したのち、日本軍の戦闘機に襲われた。拿捕された乗員七〇名は、戦争捕虜としてコンベント・スクール、現在のコンベント・ライト・スクールに収容された。捕虜の名前と彼らが受けた拷問の日々は、収容所に転用された修道院学校の壁に、ベルトの金具で刻み込まれ、それは今も学校の歴史遺産として展示され受け継がれている。

ペナン占領時の日本軍の行動と意識は、日本という国家と当時のインド、中国、アメリカの人々との政治的・社会的なかい離を示すものであった。

死者の記憶は甦る

ジョージタウン市の西南郊外に日本人墓地がある。いったいどのような人々がいつ頃から祀られているのか、詳細は不明であった。二〇〇四年一〇月三一日の午後、訪れた日本人墓地はラムリー通りの閑静な住宅街の一角にひっそりとあった。鉄格子の門扉の向こうには、草叢に埋もれて墓石が並び、それが墓碑だとは気づかずに通り過ぎるたたずまいである。

二〇一〇年、ペナン日本人学校校長のO先生から、在クアラ・ルンプール日本大使館作成のマレー半島における日本人墓地一覧のうち「ペナン日本人墓碑銘リスト」の部分が送られてきた。

復元された墓碑記録集には、碑銘が判読可能な墓石は五六基、墓石が紛失し、記録のみ残る碑板が七基。一基に複数の物故者名が銘記されているものもあり、大正七年の軍艦最上艦内でのチフスによる病死者の慰霊碑には、一基に死者一六名の氏名が刻まれている。このことから、墓地には少なくとも七〇名に上る故人が祀られていたと考えられる。

また、これらの碑文の中で最も古い銘は「明治二六年一〇月亡」とある。碑文の没年を見ると、明治二六年から明治四五年の間に集中している。しかしその後は、大正七年の軍艦最上の病死者慰霊を除いて、大正一五年一基、昭和一七年に一基のみである。大正期にも相当数の邦人がペナンに滞在していたことが明らかであるが、墓碑として残る者はわずか二名に過ぎない。大正以後、同朋を祀るゆとりがなくなったのか、慰霊の意識が衰退したのか、あるいはペナンにおける社会状況に変化が生じたのか、墓石そのものが消失したのか、その背景は定かではない。

この資料には「明治四二年施餓鬼供養」の写真が一葉添えられている。そこには、からゆきさんとおぼしき和服姿の若い女性二十数名の合掌する姿が写されている。写真にはまた、「この年長崎県島原太師堂の僧、言証氏によるからゆきさんの施餓鬼供養」との手書き注釈が加えられている。島原からやってきた僧、写真に写る若い女性の姿、供養の情景……から、

日本人墓地

おそらくはこの地で亡くなったからゆきさんの慰霊であったと推察できる。しかし、僧言証とは何者で、この施餓鬼供養がいったいどのような経緯で営まれたものか、現在もなお不明という。

墓碑五六基のうち、俗名から判明する限りでは二十数名が男性である。女性の墓にも氏名が銘記されている者が多く、シンガポール郊外の日本人墓地に見られるような、小石に名のみ刻まれ、姓は不明のからゆきさんの墓とは大きく異なっている。ただ、この後に紹介するH氏の話によれば、整地の過程で土中から掘り起こした「小石」は捨てたという。「小石」がカラユキさんの墓碑でなかったとは必ずしも言い切れない。だが、小石が無名の墓碑か、ただの石ころであったのか、今となってはたどり得ない。

日本人墓所の所在

明治から昭和にかけて、日本人が葬られていた墓所がもともとどこであったかはなお不明である。しかし、昭和以降には現在の位置、つまりジョージタウン南西郊外の住宅地の一角に移設されたことは明らかだ。ただ、墓地と墓石が、当初から現在地に整然と並んでいたわけではなかったらしい。死者の記憶を新たによみがえらせたのは、ペナン在住の日本人技術者の地道な尽力のたまものであった。それについてはH氏のことに触れ

日本人墓地施餓鬼供養

ておかなければならない。

お目にかかったのは二〇一〇年八月のことである。痩身、静かな語り口の紳士であるが、かつてはペナン駐在の厳しい技術者であったことがうかがえる。現在では、退職後新たに日本食材の輸出入の商社兼商店を起業して、その経営者として活躍しておられる。

H氏は一九六〇年代からマラヤ・マリーン会社の技術者として、このペナンに在住していた。当時としては、製鉄所のマラヤ・ワタと並んで、日本・マレーシア合弁会社の先駆けであった。ペナン港に搬入されるマグロ・カツオを加工する缶詰工場での製造技術を担当していた。原材料の魚が到着しないと、工場は稼働せず暇である。たまたま、工場への行き帰りに目にしていた、荒れ果てた日本人墓地が気がかりであった。そこで、同僚とともに、暇にまかせては土中の墓石を掘り起こし、雑草を刈り、整地し、徐々に墓地として整地していったという。

墓地のすぐ北を流れるペナン川は、モンスーンの時期になるとしばしば氾濫した。そして今でも数年に一度、地域一帯が通行不能となるほどの洪水となる。日本人墓地もそのたびに水没し荒れ果てる。赤道直下の猛暑、湿気、瞬時に生い茂る雑草……その下から、墓石を掘り起こし、洗い、立て直す作業は、大変な根気と労力と死者への想いを必要とする。

その後今日まで、在ペナン日本領事館や日本人会の援助によって、現地の管理人の世話と無償の労力とで維持されている。

ペナンの日本人学校の先生方は、代々この地の日本人の記録をとどめることに尽力されたという。それは、先に触れた『南洋の

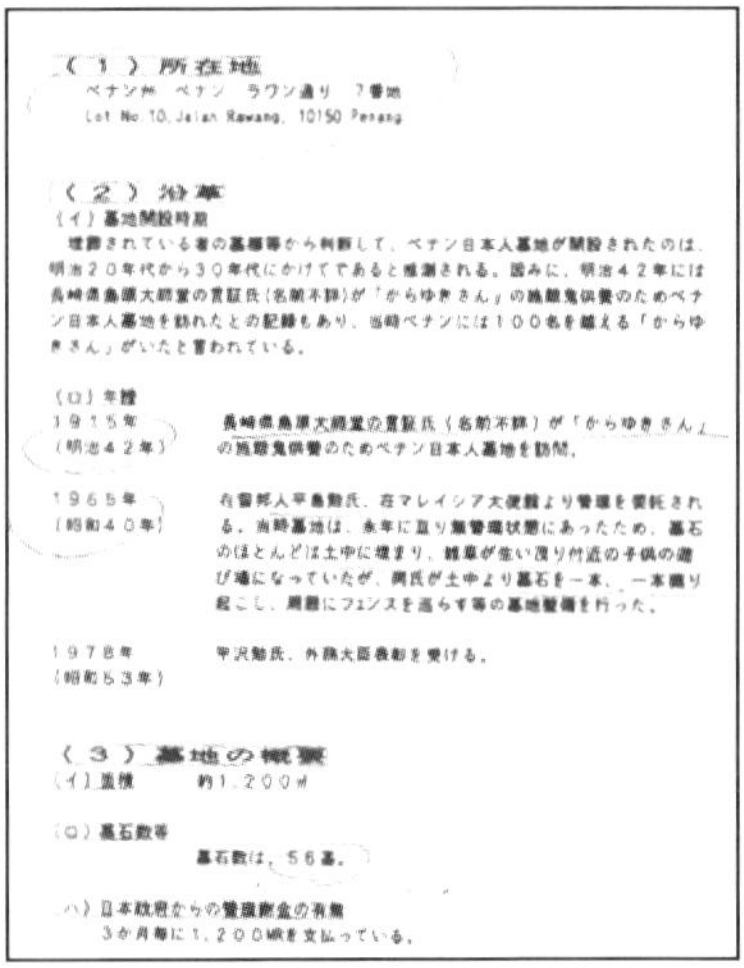
（１）所在地
ペナン州　ペナン　ラワン通り　７番地
Lot No 10, Jalan Rawang, 10150 Penang

（２）沿革
（イ）墓地開設時期
埋葬されている者の墓標等から判断して、ペナン日本人墓地が開設されたのは、明治２０年代から３０年代にかけてであると推測される。因みに、明治４２年には長崎県島原大師堂の廣田氏（名前不詳）が「からゆきさん」の施餓鬼供養のためペナン日本人墓地を訪れたとの記録もあり、当時ペナンには１００名を越える「からゆきさん」がいたと言われている。

（ロ）年譜

１９１５年（明治４２年）	長崎県島原大師堂の廣田氏（名前不詳）が「からゆきさん」の施餓鬼供養のためペナン日本人墓地を訪問。
１９６５年（昭和４０年）	在留邦人平島勲氏、在マレイシア大使館より管理を委託される。当時墓地は、永年に亘り無管理状態にあったため、墓石のほとんどは土中に埋まり、雑草が生い茂り付近の子供の遊び場になっていたが、同氏が土中より墓石を一本、一本掘り起こし、周囲にフェンスを巡らす等の墓地整備を行った。
１９７８年（昭和５３年）	平沢勲氏、外務大臣表彰を受ける。

（３）墓地の概要
（イ）面積　約１，２００㎡
（ロ）墓石数等
墓石数は、５６基。
（ハ）日本政府からの警備謝金の有無
３か月毎に１，２００M$を支払っている。

「日本人墓地沿革」

五十年』誌中の日本人会邦語学校、富永先生の言葉にも明らかであったが、以来現在まで、日本人会、日本人学校の関係者の篤志に引き継がれている。

現在ペナンには、日本人駐在員家族の子弟教育を担う、小・中学生対象の「日本人学校」がある。この日本人墓地のすぐそばである。この学校では毎年数回、生徒のボランティア活動として、墓地の清掃に当たるという。墓地の草むしりなんて、子どもさんは気持ち悪がりませんかという問いに対して、生徒たちは積極的に参加するという。慈善・奉仕・ボランティア・実地研修……様々な言葉で呼びかけられる「教育活動」であるが、墓地清掃がコトバによらない体験学習であることを改めて知る。

墓地に隣接して、P・ラムリー記念館がある。ラムリーは、アチェ出身の芸能人である。二〇世紀半ば、歌手・演出家・映画監督・俳優・作家として活躍した、マレーシアでは珍しいマルチ・タレントであった。こじんまりとした記念館の旧式蓄音機から、ラムリーのゆったりとしたポップスが墓地に流れ出て、泉下に眠る人々の心を少しは和ませている。

第六章

アルメニア商人の海峡世界

アルメニア人の故地は、黒海とカスピ海に挟まれた狭い回廊にあり、古来、ギリシア人をはじめ西欧の諸民族が往来した。近代以降も、トルコ人などが激しく侵攻と収奪を繰り返してきた地である。歴史家はこの地を「文明の十字路」と呼ぶ。だが、そこには、民族の交差の中から生み出された豊饒な文明が栄えたことは窺えない。ごくわずかの平地にブドウが実るほかは、荒涼たる高地が続く。

ここからいつ、どのように、アルメニア人が東南アジアにやってきたのか、その始期は定かではない。アルメニア人の海洋における活躍については、一七～一八世紀、オランダやイギリスの史料に詳しい。東インド会社の商船がアジアの海で活躍する頃にはすでに、アルメニアの故地ジョルファ（ジュガ）、移住地イランのニュー・ジョルファ（ノル・ジュガ）、イラクのバスラからインド、マレー半島、タイ、インドネシア諸島へ、さらにはフィリピンを経て、中国、日本にまで頻繁に交易を行っていたのである。

彼らの長い離散の旅とその背景は複雑であるが、ひとまずペナン島隆盛期のアルメニア人の活躍をたどってみたいと思う。

マラッカ海峡のアルメニア人

一九八五年八月から始めたペナン調査の中で、市内にはアルメニア人に因むと思われる二つの地名、アルメニア通りとアラトゥーン通りが現存していることが分かった。

アルメニア通りという地名から、彼らがここに生活していただろうと推察されたが長期定住の記録はない。またアラトゥーンは、シンガポールやペナンに知られたアルメニア人実業家の名前である。

華人が同族・同郷の公祠や寺院を、インド移民がヒンドゥー教の寺院やイスラームのモスクを各地に遺すように、アルメニア人は通例、移住地の都市には教会と学校、港町にはホテルを建てる。アルメニア人が華人やインド系の移民と大きく異なるのは、単身の男性だけでなく、家族を伴った小集団で移動するという点にある。それは、歴史の翻弄の中でしばしば故地を追われ、亡国の民となり、世界を転々としなければならなかった民族離散の状況から生まれた結果かもしれない。その点で、しばしばユダヤ人と混同されることも多いが、二つの民族のことばや宗教は大きく異なる。ユダヤ人と異なって、アルメニアという民族名やアルメニア人の名前が、アジアの歴史の流れの中で大きく立ち現れることはほとんどなかった。日本では稀有な例として、アメリカ・ロッキード社の当時の副会長、コ

アラトゥーン通り

チャーン氏が、日本の首相の贈収賄事件に関連して名が挙がったことだろう。そのほかには、アメリカ在住の作家サローヤンや、指揮者ハチャトリヤンなどであろうか。いずれにせよ、アルメニア移民は、少数民族であり、華麗なる繁栄を謳歌したとは一般に知られていないのである。

ではなぜ、マラッカ海峡やベンガル湾一帯に、アルメニアの民族名や地名が残るのだろうか。アジアにおけるアルメニアの教会跡や彼らの活動の痕跡をたどる現地調査を始めた。二〇〇三年からインドのマドラス（現チェンナイ）を皮切りに、カルカッタ（現コルカタ）、シャンデルナゴル（現チャンダンナガル）、バングラデシュのダッカ（現ダカ）、ミャンマー（ビルマ）のラングーン（現ヤンゴン）へ。二〇〇四年からは調査の足を東南アジアの半島部、シンガポールからマラッカ、ペナンへと延ばした。さらにシンガポールやペナンの史料に現れたアルメニア人の名前から、その足跡を明治期日本の横浜、神戸へとたどることになる。

アルシャク号拿捕事件

ペナン到来の最も初期のアルメニア人について、語り伝えられる事件がある。

一七九六年のことである。商品を満載したアルメニア商船アルシャク号は、インド西北岸の国際商港スーラトから、インド南端のコモリン岬を迂回してマドラスに向かっていた。ほとんどの商船と同様に、アルシャク号もベンガル湾を横断し、ペナンで積載品を下ろし、そこでまた新たに貨物を積んで、次の商港マラッカへと向かうことになっていた。しかし、同船はマラッカ海峡を南下する途中で、フランス戦艦に拿捕されることになる。この時期はまだ英・仏両国は緊張関係にあったから、英領の商港に出入りする商船は、イギリスの手先とみなされてフランスに狙われたのである。満載の商品は没収され、アルメニア人船長は死亡する。

この悲劇は、ペナンのアルメニア商人と東南アジア各地に散在するアルメニア人コミュニティには、大きなショックであった。にもかかわらず、アルメニア人は次第にインドやイランの各地からペナンに到来し始めた。東南アジアのアルメニア人は、華人、インド人はもちろん、アラブ人やアチェ人に比べても圧倒的に少ない。しかも、統計上では、彼らは交易を行うために立ち寄った一時的な来訪者なのか、定住者なのかは明確ではない。

一七八八年のイギリス政庁によるペナンの人口資料には、まだアルメニア人の記録はない。しかし、わずか二〇年後の一八〇七年には、数名のアルメニア商人が土地と家屋を購入したことが明らかになり、アルメニア通りの地名が現れる。一八一〇年の東インド会社の商館報告には初めて、アルメニア人七〇名という数字が現れる。そのうち、氏名の判明する者九名、その中には家族を同伴する者数名が含まれる。しかし、それから一二年後の一八二二年にはその数は一六名に減少する。そして後述するように、一八二四年以降は潮が引くように、アルメニア人はペナンからアジア各地へと退散していった。

一七～一八世紀当時のアルメニア商人は、アジアにおける交易と生活の基盤をインドのカルカッタとマドラスに置いていた。すでにカルカッタにはアジア最大のアルメニア教会があり、数百人のアルメニア人家族が定住し、また各地から送られてきたアルメニア人子弟の教育と生活のための学校と寄宿舎があった。この教会は今も残っており、シンガポールのアルメニア教会とともに、アジアのアルメニア人コミュニティの精神的なシンボルとなっている。

ともあれ、テヘラン郊外のニュー・ジョルファを除いて、カルカッタは、アジアにおけるアルメニア人コミュニティの最大の拠点であった。また、それに次いで、インドのマドラスが彼らの生活の場であった。マドラス市の中心地ジョージタウンは港の西に隣接するが、その一画にあるアルメニア通りには、彼らの営む海運業や保険業の事務所、商品倉庫が立ち並び、隣接してアルメニア教会があった。

ペナンに滞在したアルメニア人の多くは、商品の買付けや売りさばきが一段落すると、五年もたたないうちにカルカッタあるいはマドラス、後にはシンガポールへと戻っていくのであった。インドのカルカッタ、マドラスそしてマレー半島のシンガポールは、インド、東南アジアにおけるアルメニア人の本拠であるとともに、ここからさらにインドネシア諸島やビルマ、中国、日本の各地へと雄飛するジャンピング・ボードでもあった。そうした状況は二〇世紀の半ばまで続くことになる。

砂金・アヘン・アンティモン

アルメニア人が、イギリスの保護によってペナンで交易と居住を認められたのはなぜだろうか。

東インド会社にとって、アルメニア人海商の情報と彼らの水先案内は不可欠であった。イギリスの勢力が直接に及ばなかったボルネオやジャワ、スマトラなどでの取引、会社の商船が扱いきれない商品、あるいは不案内な海域での「代理航海」をアルメニア人海商に委ねていた。実際、イギリス東インド会社商船の船長として、多くのアルメニア人が雇われた。また、東南アジア、インド、西アジアにまたがるペナン〜カルカッタ〜ブシェール（イラン）の航路を航海したのも、もっぱらアルメニア商船であった。小集団による大交易がアルメニア人海商の特徴であったといえる。もっとも、当時のアルメニア人海商と東インド会社本部、そしてその代理商人であるイギリス人ファクター（私商人あるいは冒険商人）との関係は微妙であったことが、当時の商館報告から明らかになる。イギリス本国の会社はアルメニア商人を全面的に信用し、彼らに交易を任せようとした。しかし、東インド会社の商人であるファクターたちは、アルメニア人を手強いライバルとみなし、またアルメニア人の情報も信用していなかった。そうした微妙な関係の合間を縫って、アルメニア商人はマラッカ海峡やインド洋、南シナ海での交易を実質的に握っていた。

一九世紀後半、シンガポールとともにペナンは、非関税の国際中継交易港として定評を得る。アルメニア人海商は、この地のメリットを最大限に利用して、イギリス東インド会社と不即不離、相互依存の関係を維持していた。その代表は、一八四〇年に創業したサーキーズ＆モウゼ商会である。この商会は東南アジア産の砂金と、インド産のアヘンで莫大な利益を得た。

すでに述べたように、ペナンは東南アジアにおける中継貿易の一大拠点であった。そのペナンには、マレー半島東岸のパハン川（現在のパハン州の州都クァンタン南部）で採取された、純度の高い砂金が集積された。同商会はその砂金を購入し、シンガポールへ搬送して厳密な計量を行ったのち、カルカッタへ運ぶ。カルカッタでは、この砂金を代価に、純度の高いベナレス産アヘンを購入し、アヘンとともにインド産絹布や穀物などの食料品をペナンへと搬送する。そしてペナンでは、錫、コショウ、スオウ材を買い求めて、再びカルカッタへ輸出する。ペナンあるいはカルカッタからは、アヘン、綿布、錫、コショウなどの商品とともに中国へ輸出し、中国からは茶、タバコ、肉桂の一種である香料のカシア（トンキンニッケイとも呼ばれ、薬用・スパイスに利用される）を購入する。

このように、アルメニア人海商は、カルカッタを国際交易の拠点に置き、ペナンを中継地として、アヘンと砂金を中継交易の目玉商品に、ベンガル湾海域と南シナ海海域とインド洋を結ぶ、多角的で複雑な国際交易を行っていたのである。

話題はそれるがスオウについて触れておく。スオウ（蘇芳）はソボク（蘇木）とも呼ばれ、古来、漢方では下痢止め剤として赤痢や腸炎に効能があるとされていた。しかし、より一般的には、スオウの芯材は赤色あるいは紫色の染料として重宝された。とくに、当時のマレー半島の特産鉱物である錫を触媒として、このスオウは深い赤色を生み出したのである。日本でも飛鳥時代には中国から輸入されており、明代には、琉球経由で東南アジアから日本にもたらされたという。

さてほぼ同時期にボルネオとの交易を独占したのは、やはりアルメニア人海商のもう一人のモウゼであった。彼はボルネオ島の北部沿岸ブルネイの国王と取引し、シンガポールに砂金・コショウ・ダイヤモンド・樟脳を持ち帰った。彼はその後、ボルネオ島で採掘されるアンティモン（アンチモニー）に目をつけた。

この金属は、鉛に加えると強度が増し、様々な金属加工に用いられた。そのため、産業革命を迎えたイギリスでは、造船・織機・武器・機関車など、様々な製品の合金にアンティモンが重宝された。

モウゼは、もっぱら英国向けの原料輸出品として、この鉱石を一八三九年の半年間に九五トンも輸出している。大きな商機がモウゼに降ってきたのである。しかし、間もなく機は消失する。どのような事情があったのか。アンティモン採掘に使役されたのは、現地の先住民ダヤク族であったが、彼らは反乱を引き起こすのである。それを鎮圧したのは英国人のジェームズ・ブルックである。彼は、後世知られるように、ブルネイ王国からこの地を引きはがして、彼が支配者となる独特なブルック王国を樹立した。モウゼはブルネイ国王と交わしていたのと同じ条件でアンティモンの採掘を求めるが、ブルックはこれを拒否した。そのため急速にアンティモンの採掘は衰退し、交易は途絶し、同商会の一攫千金の夢は潰えることになった。

蒸気船・海底電信・国際保険

一八二四年には、司教通りにアルメニア教会が建設される。だが、皮肉なことに、この年を境に、アルメニア人は潮が引くようにペナンを去り、シンガポールへと移住していった。それは、政争や宗教事情とは関係なく、一九世紀後半にはじまる国際的な輸送・通信事情の大変動、いわばロジスティク革命に起因し、そうした変化を敏感にかぎ取ったアルメニア商人の才覚によるものであった。数少ないペナン在留アルメニア人のうち、こうした状況にうまく対応したのは、一八四〇年に創業したアンソニー商会であった。少し遠回りになるが、まずはその背景となる当時の国際情勢から掘り起こしてみよう。

一九世紀のパックス・ブリタニカ、つまり大英帝国による世界覇権の原動力は、単にその武力によるだけではなかった。海運業と情報通信の変化が大きな契機となっていた。

一八六〇年から第一次世界大戦の起こる一九一四年までに、イギリスは世界の船舶の三分の二を建造し、船腹総トン数の三分の一を保有し、そして世界の海上運輸の五〇パーセントを占有していた。それは国際的な海運業、国際貿易の隆盛をもたらすことになる。

帆船は依然として物流の立役者ではあったが、次第に蒸気船による輸送も盛んとなった。そのためには、蒸気機関の動力源である石炭と水、積荷の最大スペース、運航の正確な情報……そうした条件を確保する必要があった。

後述するが、石炭はカルカッタのアルメニア人実業家アプカー一族が開発した鉱山から供給された。水は国際商港のシンガポールではなくペナンで補給された。シンガポールは今もそうであるが、真水の水源がない。しかし、ペナンにはペナンヒルを源泉とする豊かな水がわいていた（その導水路の工事に携わったのが、第二章で述べたベンガルの流刑囚であった）。また、積荷スペースの確保を可能とする小型動力機関のコンパウンド・エンジン（高圧舶用機関）の発明を可能にしたアンティモンは、先述したように、ペナンのアルメニア人海商モウゼ商会が供給した。さらに一八七五年には、マドラス～ペナン～シンガポール～ラブアン（インドネシア・ジャワ島）～香港～基隆（台湾）を結ぶ英国の海底電信ケーブルが敷設され、それは正確な海外情報を迅速にもたらすことになった。結果として、アルメニア商人の得意とする国際保険の顧客と収益を大きく増大させることになる。

ペナンの海運業、アンソニー商会

こうして、アルメニア海商は小規模ながら大英帝国の海洋政策に微妙に随伴しつつ、最新の資材と最新の情報を利用して進出していったのである。その代表がA・A．アンソニー商会であった。

この商会は、一八四〇年にアンソニー・A・アンソニーが創業したものであり、おそらくはペナンにおけるアルメニア人の最も古い企業であろう。その後は、アルメニア人の例にもれず、大家族、四人の兄弟と彼らの一二人の子どもによって、三代、八〇年にわたって同族会社を維持した。

商会の業種は当初、東南アジア・インド産品を扱う輸出入業および海運業であった。しかし、事業は急発展を迎えた。二代目の後継者ジョセフは家業を広げて、国際商品の仲買・競売、国際保険、アプカー海運の代理、株式仲買、為替交換、それに錫鉱山とゴム農園の所有や共同経営など、多角的に国際的な事業を展開した。彼はまた、在ペナンのポルトガル代理領事として外交に携わるとともに、競走馬の馬主として社交界でも名を馳せた。

しかし、三代目のトーマスが事業を引き継ぐと間もなく、第一次世界大戦とその後の世界不況の波をもろに受け、商会は急速に衰退を迎えた。ついに一九五五年には華人商人に買収されることになり、アンソニー一族の

アンソニー一族の墓碑

経営は終焉する。

アンソニー商会は、国際商品の取引、国際的な海運、国際情報の利用といった、近代の転換期における国際情勢を見事にとらえた明敏な企業経営者であったが、その盛衰もまた国際情勢の変動を色濃く反映していたといえる。

ホテル王、サーキーズ兄弟

シンガポールのラッフルズホテルは、世界名門のコロニアルスタイルのホテルで、旅慣れた国際人でなくとも、多くの人々にその名は知られている。そのラッフルズと並んで、ペナンのイースタン・アンド・オリエンタルホテル、通称E&Oホテルも、やはり落ち着いた雰囲気を持ったクラシックホテルの一つである。その正面ホールの左手廊下の壁に、三人の男性を描いた肖像写真が掲げられている。左から三男アヴィエト、四男アルシャク、次男ティグランである。この肖像写真には入っていないが、もう一人長男のマルタンがいる。かれらサーキーズ四兄弟が、東南アジアのホテル王の地位を築き、その創業の地がこのペナンのイースタンホテルであった。

イランのアルメニア人居住区であるニュー・ジョルファ生まれのサー

サーキーズ肖像（E&O ホテル）

キーズ四兄弟が、どのような経緯でいつペナンに渡って来たのかは、今のところ定かではない。ただ、一八六〇年末には、彼らの一人がイランのイスファハンからインドのカルカッタを経て、ペナンに到来したことは知られている。やがて、他の兄弟も相次いでペナンに到来する。

一八八二年、次男ティグランが国際商品の競売人として名を挙げ、その財をもとにホテル業に投資することになる。一八八四年には、海に面したイースタンホテルを開業する。その地は、現在のE&Oホテルからは少し離れている。一八八六年には、隣接するオリエンタルホテルを買収して、ティグランと長男のマルタンが共同で経営に当たった。さらに、三男アヴィエトが加わって、イースタンホテルの経営を行うことになった。

間もなく、ティグランとマルタンは、イースタンホテルとオリエンタルホテルとを併合して、新たにイースタン&オリエンタルホテルと改称した。それが今日までE&Oホテルとして知られるコロニアルスタイルのホテルである。

彼らは、ペナンでのホテル業の成功をもとに、さらに東南アジア各地にホテル事業を展開する。まず、ティグランがシンガポールに送られて、ホテルに適した立地調査を実施し、現地ではビーチハウスと呼ばれていた、広大だが古い木造のバンガローに目を付けた。所有者は、シンガポール有数の大富豪で、イエメン・ハドラマイト出身のアラブ商人、サイエド・

E&O ホテル遠望（2011 年）

モハメッド・アルサゴフであった。彼からこの土地・家屋を譲り受けて、一八八七年にはシンガポール最新の西欧風ホテルを建造し、その経営は元エンジニアのマルタンに委ねられた。それが今日なお世界有数の名門ホテルの名を維持しているラッフルズホテルである。

その後、さらに兄弟のホテル事業は拡大する。一八九〇年代には、アヴィエトがビルマ（ミャンマー）のラングーン（ヤンゴン）にこぢんまりとしたサーキーズ・ホテルを、一八九九年には、ビルマ最高のホテル、ストランドホテルを開業し、さらには一九〇五年から一九二〇年にかけて相次いで、シンガポールにシー・ヴュー・ホテル、ペナン郊外のペナンヒル頂上には、リゾートホテルのクラッグ、そしてインドネシアにもストランドホテルを創業した。

一八四〇年代には、紅海と地中海を隔てていた隘路に鉄道が敷設された。海外に出たい西欧の旅人は、長く、退屈で、時には波浪高い喜望峰回りの船旅によらない快適な世界旅行と、そして安全で清潔な欧風ホテルを楽しむことができるようになった。サーキーズ兄弟の先見の明は、他のアルメニア商人にも共通するように、国際情勢を的確に読み取る才覚にあり、交通革命と通信革命の到来を予見したことであった。

記念絵葉書（サーキーズ兄弟経営のホテル）

横浜外国人墓地・一四番墓域

明治初期から大正にかけて、アルメニア人の海商やホテルの経営者が日本にいた。そのことはほとんど知られていないし、彼らがまた、インド・東南アジア・中国・日本を結ぶ広域・多角的なコミュニティであったことも知られていない。

カルカッタ、シンガポール、ペナン、横浜の史料に、あるアルメニア人海商の名前を見いだしたことが、アプカー一族の足跡をたどるきっかけであった。

横浜の観光名所「港の見える丘」上の「横浜外国人墓地」には、明治期以来横浜に定住した西欧の外国人、四千余基が今も祀られている。この中には、少なくとも二人のアルメニア人が含まれている。墓碑には氏名のみが銘刻されるのみで、詳細は不明である。墓地事務所に備え付けの「埋葬者墓碑リスト」は、明治以降の在日西欧人の来歴を知る貴重な史料である。その史料には一基ごとの氏名・国籍・略歴などが簡潔に記されている。「アプカー氏」の記録を以下に再録する。

DEATH OF MR. A. M. APCAR.

We now learn that the death of Mr. A. M. Apcar, which took place at an early hour on Thursday morning in the Great Eastern Hotel, Kobe, was the result of a sudden apoplectic seizure. He had only returned from Yokohama on Tuesday and on Wednesday was apparently quite in his usual health, conversing after dinner with a number of friends and retiring to his room about ten o'clock. A few minutes later assistance was summoned by one of the boys and on the manager and Dr. Martin going to Mr. Apcar's room he was found to be unconscious. Dr. Kilpatrick was also summoned but nothing could be done and Mr. Apcar expired at 1.30 a.m.

The deceased gentleman, who was an Armenian, born in Ispahan some 50 years ago, was related to the proprietors of the well-known Apcar line of steamships. The Kobe Herald states that some twenty-five years since, he established a successful business in Hongkong remaining in the island for about ten years. He then proceeded to Yokohama, where he founded the firm of Messrs A. M. Apcar and Co., which carries on an extensive import and export business and has branches at Kobe and at various other ports in the East and in Europe. Some five years ago, Mr. Apcar sought a further outlet for his energies in the establishment of the Great Eastern Hotel at Kobe. Originally located in Sakaye-machi, the Hotel moved at the end of about a year to its present commodious premises. Mr. Apcar also acquired a year or two ago the Beach House Hotel at Shioya, where many of his leisure hours were passed. His principal work, however, lay in the control of the business of Messrs A. M. Apcar and Company, the hotels being placed under the direction of managers. The deceased gentleman was admitted as a Free Mason while in Hongkong and was a member of one of the lodges at Kobe. Being of a quiet and retiring disposition, Mr. Apcar did not figure very prominently in social or public life, but he had a large circle of acquaintances by whom he will be greatly missed. Much sympathy will be felt with Mrs. Apcar and her three children in their sudden bereavement.

J. W. M. Dec. 1. 1906

A. M. アプカー墓誌

「墓域No.14、氏名A. M. Apcar、国籍ロシア、男性、没年一九〇六、
備考：アプカー商会主、神戸グレート・イースタン・ホテル経営」。
「五〇数年前にイスファハンに生まれ、著名なアプカー海運会社の一族に連なる。*Kobe Herald*紙によれば、同氏は二五年前に香港でビジネスに成功し、一〇数年間当地に滞在。その後、横浜にA. M. Apcar商会を興し、神戸のほか東洋・西洋の諸港に支店を設けて広範に輸出入を営む。五年前には神戸のSakaye-machiにGreat Eastern Hotelを開業、また一、二年前にはShioyaにBeach House Hotel購入。本業は海運会社の経営であり、ホテルは支配人に任せていた…香港在留中にフリーメーソンの一員となり、神戸ではホテル協会のメンバーであった。夫人と三人の子供が残されている…」

『ジャパン・ディレクトリ』のアプカーさん

「埋葬者墓碑リスト」に記載されたA. M. Apcarなる人物に関する*Kobe Herald*紙の記録をたどることはできなかった。だが、Kobe Weekly Chronicleとその後継誌『ジャパン・ディレクトリ』の中に、アプカー商会の簡略な紹介記事を見つけることができた。

『ジャパン・ディレクトリ』は、幕末〜明治期の在日外国人名士・機関の名鑑であり、横浜居留地に定住した西欧人の氏名と職業を知る貴重な資料である。そこにA. M. Apcar氏に関する以下の記録がある。

①　"Apcar" Line of Calcutta Steamers（『ジャパン・ディレクトリ』xii号一八九〇（明治二三）年）

②　Apcar&Co. A. M. 163. Sannomiya-cho. sanchome and Great Eastern Hotel）
『ジャパン・ディレクトリ』xxxv号一九〇六（明治三九）年）

③　Apcar&Co. A. M. Great Eastern Hotel. 36. Sakaye-machi. Itcho-me（Division Street）（同xxxv号）

横浜・外国人墓地のA・M・アプカーに関する墓誌に「五年前には神戸のSakaye-machi（ママ）にGreat Eastern

Hotelを開業」とあり、『ジャパン・ディレクトリ』xxxv号には、一九〇六年、明治三九年に開業の記録があるので、墓誌の記録は一九〇一年頃のものかと考えられる。

ところで、一八九〇年代～一九一〇年代ものと推定される一枚の彩色絵葉書がある。絵面には「Division Street 36, The Great Eastern Hotel. Kobe 神戸西町通」と印刷されている。この絵葉書の鑑定については、所有者の絵葉書コレクターH氏の協力を得ることができた。絵葉書の版型、印刷の図柄、色彩、文字などから、絵葉書は当時の実物であったことが判明した。絵葉書記載の住所と『ジャパン・ディレクトリ』三五号の記録とを照合すると、この絵葉書の写真は「神戸・栄町一丁目、（居留地）第三六区」の「グレイト・イースタン・ホテル」であり、A・M・アプカー氏経営のホテルであったことが判明した。

同時期のKobe Directory所収の英文地図には、「NISHI MACHI」の西側と「SAKAYE MACHI」の南側の交差点に「36. Great Eastern Hotel」と記されている。神戸旧居留地連絡協議会に照会すると、「旧居留地に隣接（西側）する栄町一丁目、現在の神戸住友ビル南側の駐車場」がホテルの所在地であったという。現地を訪ねて、現在の地図と明治三九年代の地図を照合すると、両地の位置はぴたりと符合した。

アルメニア人貿易商A・M・アプカー氏は、明治二三年にはすでに横浜に居住しており、明治三九年には神戸のグレイト・イースタン・ホテルを経営していたのである。さらにアプカー氏が「Shioyaに Beach House Hotel 購入……」とあるShioyaとは、神戸市の西郊、現在の神戸市垂水区の海浜に位置する塩屋である。この地は、須磨海岸に続いており、幕末から明治にかけて外国人居留地として人気を博した。風光明媚なこの土地には多くの外国人が住んでいたという。ただ、アプカー氏が購入したというBeach House Hotelについては、今のところたどることができない。

アジアのアルメニア人の足跡をたどる別な史料として、シンガポール国立公文書館には貴重な「オーラル・ヒストリー」集が所蔵されている。それらは音声テープと文字資料で構成されている。その中のシンガポール在住「アルメニア人」の聞き取り資料中に、「有馬にホテル購入（または経営）……」という内容がある。だが、このホテルについても、A・M・アプカー氏の所有であったのか、他のアルメニア人のものであったのか、未だに確認できないでいる。

アプカーさんとアルメニア難民

A・M・アプカー氏の遺族は、その後どのような人生を送ったのだろうか。日本アルメニア協会のN氏の調査によれば、アプカー氏の死後、ダイアナ夫人は神戸から横浜の山手町二二〇番地に移り住んだという。横浜海港資料館に通い、しらみつぶしに明治・大正期の居留地関係史料にあたった。明治二三年のA・M・アプカー氏の旧居は不明であった。だが、遺族が移り住んだ住居はほぼ判明した。明治一七年に外国人居留地として二六か町が開かれたが、明治三二年にはその二六カ町を統合して山手町と改称した。その一画にアプカー家が居住していたのである。

一九一五～一九二二年当時、トルコ政府によるジェノサイドを逃れて難民となった多くのアルメニア人たちは、ロシアに避難したという。彼らは、さらにトランス・シベリア鉄道でハルピンを経由して日本にたどりつ

グレイト・イースタン・ホテル（左側）

いた。一九一八～一九二〇年の間、ダイアナ夫人は、当時のアルメニア共和国の領事業務を委託されており、在日アルメニア難民の庇護と査証の発給を行ったという。難民の多くはその後アメリカに、あるいはオーストラリアに移住した。

このダイアナさんは、一八五九年にビルマのラングーン（ヤンゴン）に生まれた。一八八九年にアプカー氏との結婚を機に来日し、そして夫人は一九三七年に横浜でなくなり、夫とともに横浜外国人墓地の一角に眠る。難民となったアルメニア人に対して、ビザの発給と日本での滞在に尽力したダイアナ夫人の功績はもっと知られてもよいと思う。

カルカッタのアプカー一族

横浜からさらに東南アジア、インドのアプカー商会にづいてたどってみたい。『ジャパン・ディレクトリ』記載のアプカー海運会社の紹介と、横浜・外国人墓地の「埋葬者墓碑リスト」の抄録を手がかりに、改めて二〇〇三年三月、二〇〇四年一〇月、二〇〇五年二月の三度にわたって、ペナンとカルカッタでの現地調査を行うことにした。

一九世紀ペナンの名士録やイギリス商務報告には、アプカー商会やアプカー一族の詳細な記録はない。わずかに、ペナンのアルメニア人アンソニー商会が、その海外交易にアプカー海運の商船を利用し、アプカーの代理業を行っていたという記述にとどまる。しかし、在豪アルメニア人のナディア・ライト氏の研究『敬愛される市民―シンガポール及びマレーシアにおけるアルメニア人の歴史』（二〇〇三、邦訳なし）や、インド・カルカッタのアルメニア人の事績に関する記録には、シンガポールとカルカッタのアプカー商会について、詳細な記録が残されている。一族の足跡、商会の活躍は、アルメニア人コミュニティの中でも群を抜く広がりと多彩ぶりを誇っている。

　アプカー商会・海運会社は、アプカー一族の同族経営である。その業態は今でいう総合商社であり、海運、保険、資源開発、不動産、商品の仲買、競売を含む複合企業であり、国際的な起業家でもあった。

　五隻の商船を擁するアプカー海運は、カルカッタを拠点に、ペナン～シンガポール～香港～アモイ～横浜を結ぶアジア航路に就航していた。先述した砂金やアヘン、綿花・綿布などインド・東南アジア産品の輸出、それに中国人移民の送り出しであり、後にはインド産石炭の輸出であった。とりわけ、中国人移民であるクーリーのペナン～シンガポールへの「移送」には重要な役割を果たし、インド産石炭の輸出については、採掘・生産・輸出の一環産業を創りだしたことには注目すべきであろう。

　一八六二年、カルカッタの西北、ラニガンジとアサンソール一帯に、広大な石炭鉱脈が発見された。この鉱脈を買い取り、採掘に乗り出したのがアプカー商会であった。今日、インド最大の産炭地として知られるこの地域の基盤を、一五〇年前にアプカー一族は一代で築いたのである。

　二〇〇三年三月、筆者はカルカッタのアルメニア人移民の実地調査を行っていた。その過程でカルカッタ市の西南にあるアルメニア人の墓地を併設した老人ホームで、八一歳のサーキーズ氏から聞き取りをする機会を得た。同氏は前述したホテル王アプカーの係累ではないようだ。一族はみなオーストラリアに移住しているのだが、同氏は退職してこの老人ホームで余生を過ごしている。かつてはこの鉱山で採掘技師として長年働いていたという。インドやビルマに定住していたアルメニア人の中には、この鉱山で働いていた技術者も多いのであった。

　さて、前述のナディア・ライト氏の著書には、アプカー商会の系譜に関する詳細な記述がある。以下紹介しておく。

　アプカー商会創業者のアラトゥーン・アプカー、その四人の息子たち、そして孫のすべてが、アプカー商会の仕事に携わり、そして教会の運営と慈善活動にも力を入れてきた。初代のアラトゥーンは、一七七九年イランの首都テヘランの南部、ニュー・ジョルファに生まれ、一八歳でボンベイに、やがて五一歳にはカルカッタに移っている。息子たちのうち、四男のアレクサンダー・アプカーは、ボンベイで生まれ、カルカッタで亡くなっている。そして彼の息子アプカー・アレクサンダー・アプカーは、一八五〇年にカルカッタで生まれ、イギリスの名門校ハロウスクールで学んだ後、カルカッタに戻って家業を継いでいる。父子ともにシャム（タイ）の在カルカッタ領事を長年務めたという。

アプカー一族の足跡をたどっていくと、やはりその一族の中には、かつて横浜山手町あるいは神戸三宮に在留していた者がいたと考えられる。だが、このことを明らかにするためには、さらに資料の発掘が必要である。

第七章

ベンガル湾のインド人海商

一九八〇年ころまで、東南アジアとインドとの交通手段は、ベンガル湾横断航路の貨客船が一般的で、空路の利用はごく稀であった。この航路は、帆船や蒸気船によって、一八世紀初めころから毎年多くの移民労働者を東南アジアに送りこむ最大のルートであった。だから、人々はベンガル湾横断ルートを「移民航路」と呼んでいた。

通常のコースは、マドラス〜ネガパッティナム〜ペナン〜クラン〜シンガポールの間を五泊六日、新造船では二日短縮されて三泊四日の船旅であった。ペナン、シンガポール、それにクアラ・ルンプール南郊のクラン港（旧ポート・スエッテナム）と南インドのマドラス、ネガパッティナムを結ぶ航路には、一九七〇年代にはラジュラ号、マドラス号と新造船一隻の三隻の「移民船」が就航し、隔週にベンガル湾を往来するのであった。

この航路を数回利用したマレーシアやインドの友人によれば、三等船客の待遇はひどく、それはまるでスラムとかわらず、トイレは汚れ、飲用水は不潔、船底の客室は異臭と熱気に満ちて、さながら奴隷部屋であったという。一九世紀初頭から二〇世紀の半ばまで、この航路を利用して、数十万人の移民がマレー半島の奥地へゴム栽培労働者として、またシンガポールやクアラ・ルンプールの都市へ港湾労働の出稼ぎ労働者として渡っていった。その船客に交じって、書類鞄とわずかな手荷物を抱えたチェッティと呼ばれる商人たちがいた。以下、筆者が二〇年にわたって東南アジア、南インドで行ってきた実地調査に基づいて概観する。

日本人が見たチェッティ

明治から大正の初めにかけて、「南洋」に雄飛した日本人がこのチェッティに関心を持っていた。第五章で引用した『南洋の五十年』には、マレー在住日本人は、華人やインド人の旺盛な経済活動と生活の様子について詳細な報告をしている。その一節に次のような記述がある。原文のまま引用する。

「在留民諸君に親しみ深いチッテの由来、つまりその発生の根源が日本の頼母子無尽と同時に釈尊の残した仏典から流れ出て居るのであるとしっては無尽とチッテの提携、さらに進んで華僑とも思想的に経済連盟が成立するまでに研究を進めねばならない」「無尽の学説に育まれて発達した我国の共済機関乃至流通経済組織が今日印度人のチッテと提携して益々南洋市場に活躍すべきは当然の運命であったかもしれ（ない）」

大正四年（一九一五）、南洋日々新聞記者の野村汀生は、マレー半島を調査旅行中であった。この時、ペナンのインド人コミュニティ、チェッティ（同書ではチッテと記されている）の商業活動に着目した。そして東南アジアにおける日本人とインド人・華僑の経済連携が、この相互扶助の制度によって可能ではないかと考えたようである。チェッティの高利貸業と日本の頼母子や無尽のルーツが、ともに仏教の喜捨にあるという根拠は乏しいし、彼がそう断定したのは誤解であろう。しかしそのベースに、野村は宗教的な共済・相互扶助の精神を見いだしていたのである。そこに彼は、東南アジアにおけるインド人をはじめとする、アジア人への共感と連携の在り方を期待していたと思われるふしがある。

チェッティと呼ばれるインド商人

チェッティとは、インドや東南アジアでは古くから知られた、南インドの有力な商業カーストの一つである。彼らはインド国内だけでなく、ベンガル湾横断航路や沿岸の港をたどり、あるいは陸路を北上してカルカッタからビルマ、タイ南部などを経て、しばしば南インドと東南アジアとの交易に携わっていた。いつの頃から、こうした往還が始まったのか、正確にはたどれない。だが、南インド中世の碑文史料には、すでに紀元後数世紀から、この集団が商業活動に広く従事していたことが断片的に記録されている。また中国の歴史史料には、「哲地」という集団が現れるが、それは南インドの有力な商人集団チェッティのことである。たとえば明代、一五世紀初頭の航海記録『瀛涯勝覧《えいがいしょうらん》』には、南インドの哲地が盛んな交易活動を行っていることが描かれている。

「哲地と名付けられる者は皆、金持ちであり、もっぱら宝石、真珠、香薬の類を買い集めている。中国の宝船（明代に中国から海外に送り出された鄭和の商船隊）やその国（東南アジア諸地域やインド）の船の客が来て買うのを待ち、真珠などは分でもってしばしば価を決めて売買する……」

さらにまた、ポルトガル人が来航した一六世紀には、すでに彼らはアチェ、マラッカ、ビルマのペグーなどベンガル湾海域一帯に独自のネットワークを広げ、両替商・金貸しやコショウ貿易に従事していたのである。チェッティというカースト集団の盛んな交易活動や両替商についての記録は、その後の一七〜一八世紀のオランダ、イギリス、フランスなどの商務報告書にも数多くとどめられている。マレー半島のケダやタイのプーケットにはそれ以前からも活発に交易を行っていたから、一八世紀にはすでにペナンにも拠点を構えていたと考えられる。だが、今日に至るまで、このチェッティに関する正確な報告は少なく、実態も必ずしも明らかになっていない。それは、後述するように、彼らの組織・活動がインドの同じカースト内、限られた同族による経営に依存し、外部にはめったに情報を漏らさないという、閉じられたシステムに起因すると考えられるからである。

幅広い交易を行ってきたにもかかわらず、インドでも東南アジアでも、一般的にチェッティは高利貸や両替商とみられていた。それは顧客の多くが、インドでは農村の商人や農民たちで、東南アジアではインドの移民労働者や小商人であったからだ。銀行などの近代的な金融システムがない時代には、東南アジア各地に散在する移民たちは、チェッティの営む身近な代替金融に依存しなければならなかった。金のネックレス、指輪、ブレスレットなどインド人が最も重宝する財貨を担保に、チェッティからカネを借りることが多かった。インド移民が過酷な労働で得た収入を、インドの家族や親族に送金するにも、この土着の送金組織を利用した。それしか頼りになる安全な方法がなかったのである。

彼らチェッティはまた、インド移民が住みついた山間・奥地のゴム農園や紅茶農園、あるいは都市の路地にも商圏を広げた。その組織とは、タミル語で「クットゥ」と呼ぶ一種の頼母子講である。数人の仲間が「子」となり、掛け金を出し合う。緊急にカネを必要とする仲間がいると、講の掛け金を借り出し、その後数回に分けて、仲間全員に利子と元金を返す。つまりは相互信頼に基づくインフォーマルな小規模金融であった。その「親」つまり講元の多くがチェッティであった（重松　一九九九）。

こうした様々な民間の金融組織を通じて、チェッティは中心的な役割を果たしてきた。「信用状」一枚でカネの貸借ができ、そして国内外への送金が可能となる。その基盤には、チェッティというカースト集団が培ってきた、インド内外での絶大な信用があった。そして、その信用は東南アジア全般に根付いていたのである。

チェッティのネットワーク

華人通りの中ほどに、南インドのタミル語で「ナガラ・ヴィードゥティ」（「ふるさと旅籠《はたご》」）、通称「チェッティヤール・ロッジ」と呼ばれる民家がかつてあった。もともとは華人の住居であったらしい。だが、一九三七年にはチェッティの有力商人が買い上げて、彼らの同郷、カースト仲間の共済会館にしたという。一九七〇年頃までは、この民家は南インドとペナンを往来するチェッティの人々が風待ちをする一時滞在の宿であった。彼らの安息所、そして同じ仲間と商売や現地事情などの情報交換をする場でもあった。彼らはここでしばらくの期間休息したのち、再びベンガル湾航路の船を利用して南インドに戻る。

南インドの東部、ベンガル湾に面した小さな漁港パランギ・ペッタイから、数キロ内陸側にチダンバラムがある。小さな田舎町の風情である。しかし、ここはチェッティ商人の出身地であり、また彼らの活動の本拠でもあり、彼らコミュニティの拠りどころでもある。だから、チェッティ・ナードゥ、「チェッティの郷里」と彼らは言う。

このカースト出身の若者で実業家を目指す者は、まずこの地で数年間商い修業をする。その後三～四年の期間で東南アジアの町に派遣されて、両替と金貸しの見習いを行う。この間に現地での信用関係を築くという。一種の商い奉公である。そうして修業を積んだ者は、再び故郷のチェッティ・ナードゥに戻り、次の赴任地かあるいは新たな仕事を割り当てられる。

多くのチェッティは家族を南インドに残して、単身赴任でペナンにやってくる。結婚式はチダンバラムのチェッティ・ナードゥで行う。やはりインドの「伝統的」なしきたりに従って、花嫁は婚資（ダウリ）を持参する。

一九八五年までには、このペナンには「四大キタンガ」と呼ばれる有力チェッティが活動していた。「キタンガ」とは「倉庫」の意味である。おそらくは商品を保管する倉庫がもともとの機能であったのだろう。

チュリア通りと華人通りに挟まれたペナン通りのわずか一〇〇メートルの間に、インド人経営の商店やオフィスが並ぶ一画がある。四大チェッティは、二階建てモルタル造りのビルに隣合わせに四カ所事務所を構えていた。ゴム農園兼土地不動産経営、弁護士事務所、「公認両替商」そして実態不詳の会社の四社である。これらの有力チェッティの傘下に、ペナンでは二〇〇人ばかりの同じカースト仲間が仕事をしているという。チェッティ経営の企業体の中枢は、すべて同じカーストメンバーでなければならず、他のカーストや他の民族の者が参入することはできない。それは閉ざされた組織、ギルド的な結びつきを色濃く持っている。こうしてみると、チェッティの実業とは、いわば、特定のカーストの結びつきを基盤とする商業・産業機構であるといえる。もっとも、伝統的なカースト内の結束意識だけでは、この信用関係はもはや維持できないことも彼らは承知している。

一九八五年にこの事務所を訪ねたときには、静かな商店街であった。二〇一〇年八月に再訪したこの通りは、まるで別世界のように沸き立っていた。通りの両側には反物、雑貨、香料、土産品、化粧品、電器・家具、

チェッティビル（2011 年）

インド音楽のＣＤ、青果・果物、紅茶、食材……ありとあらゆる店が並び、商用車が、買い物客が往来する混沌とした世界、インドの路地そのものに変貌していた。そうした喧騒の中で、チェッティの四つのオフィスだけは一九八五年の姿と変わらず、人の出入りもほとんど見られず、秘密めいた雰囲気を保っていた。

寺院とチェッティ

マレーシア、シンガポール各地で、一九八五年から一九九五年まで断続的に移民社会でのヒンドゥー寺院の役割を調査してきた。

マレーシア全土では、大小のヒンドゥー寺院が数百はある。そのうち大規模なヒンドゥー寺院は一七～一八カ寺、そのうちペナンでは、四つの寺院をチェッティ・コミュニティが維持・管理している。

クアラ・ルンプールやペナン、シンガポールなど、東南アジアの主要都市のヒンドゥー寺院では、「ＴＥＣ＝寺院運営基金委員会」が組織されている。信者からの大口小口の寄付・寄進、それに寺院の維持費や建て替え、朝夕の祈祷・儀式、神々に供える灯油や供物、僧侶の生活費、タイ・プーサム大祭の経費……寺院運営をめぐる様々なカネの出入りを管理し、政府に報告するのがこの委員会の主要な役割である。この委員会の活動と委員の構成から、チェッティの影響力がうかがえる。

寄付・布施などの大口の経費を負担するのは、もっぱら

ナットゥコッタイ・チェッティヤール寺院

チェッティ・コミュニティである。彼らは、この基金の最大の寄進者、パトロンである。それと同時に、歳費の支出や貸出、この後に触れる慈善事業など基金の実質的な運営も、もっぱらこのチェッティである。移民の大多数を占めるヒンドゥー教の信者に対して、寺院運営を通じてチェッティによる強固な信用関係を維持する仕組みがここに見られる。

実は、ヒンドゥー寺院と地域経済との複合的な仕組み、つまりチェッティによる寺院運営――信者の寄付と寄進――寺院による寄進物の市場放出――チェッティによる信用取引という関係は、現代の産物ではない。すでに一五～一七世紀の東南アジアにおける信用取引に見られた。そのことは、東南アジア経済史家のアンソニー・リードも指摘する。

「チェッティの共同体が銀行の機能を果たす上で重要であったのは、全員が寄付をすること、そこから借金ができること、強力な宗教的拘束によって保証される寺院の基金があること」だったという。

こうした宗教活動と経済活動を裏打ちする大きな財源がチェッティにはあった。それは農民や小商人だけでなく、大口の商人や土地持ちから高利貸の担保として取得した広大な土地と建物である。一九世紀半ばから、彼らはペナン大通りの一画にチェッティ所有の土地と建物を確保し、コーヴィル・ヴィードゥと呼ぶヒンドゥー寺院を建立している。やがてより広い土地を求めて、市の南郊ウオーターフォール通りに、自らのコミュニティの名を冠した（ナットゥコッタイとは、彼らの出自を意味するカーストの支派である）壮大なナットゥコッタイ・チェティヤール寺院を建設した。

しかし、それだけではなかった。彼らが力を入れるのは、都市での様々な慈善活動である。それはチェッティが運営するヒンドゥー寺院付属の養老院や寡婦・孤児に対する生活資金・教育資金の給付活動であった。また、同じコミュニティに属する貧しい女性の「婚資」にも利用された。こうしたチャリティ事業は、もっぱらインド人の、とくにヒンドゥー教徒に対してであったが、それは寄る辺なき移民にとって大きな拠りどころとなりえた。前述のチェッティヤール寺院がその代表例であった。

チェッティの素顔

このように、インド商人としてのチェッティの活動については、断片的な史実や記録がある。しかしその後、現代まで彼らはどのように生き延びて、またどのような活動を維持してきたのだろうか。一九八五年から数回にわたって、チェッティの人々とのインタヴューや実地調査を行ってきた。その資料から再現してみたいと思う。

インドや東南アジアで、チェッティが大きな社会的・経済的な影響力を持つことは、しばしば耳にしていた。彼らは南インド最大の商業カーストとして歴史的に有名であった。だが、その組織や具体的な経済活動の実態、彼らの社会的な影響力の大きさなど、一般的に知られることはこれまでほとんどなかった。そして、現状でもやはりそうであった。

筆者が初めて出会ったチェッティは、南インド留学中に住んでいたマドラス大学院の寮生であった。一人はディミ・チェッティ、もう一人はカーリダース、前者は名前からして、すぐにこのカーストであることが分かる。だが後者は、インド古代の叙事詩シャクンタラの作者として有名な大詩人の名を名乗っており、チェッティの一員とはわからない。二人とも気さくで陽気な南インド人の典型であった。ディミ・チェッティは文字通り固い地質学の、対してカーリダースは経済学の院生であった。カーリダースは南インド人には珍しく、長身でエルビス・プレスリー似、革ジャンに大型バイクで遊びまわっており、お世辞にも経済学を地道に学んでいるとは思えなかった。ともあれ、三年近くも寮生活の中で付き合ってきたが、彼らの口からチェッティの実態について聞いたことは一度もなかった。

ペナンでのインド移民調査中に、たまたま同州選出のインド国民会議派の有力議員で、チェッティの一員であるS氏に紹介された。彼のお声がかりでペナンのチェッティの人たちに話を聞く機会があった。

訪れたのは、華人通りの一画、モルタル塗り二階建ての民家風建物であった。一階からすぐ上に通じる階段を上ると、小さな木製扉が閉まっていた。「公認両替商」の看板一つの質素なオフィスであった。中は殺風景な二〇畳ほどの部屋で、小机が六卓ずつ、壁に沿って左右にずらりと並び、平織りの白い一枚綿布のドーティを腰に巻いた初老の男たちが蓆の上に胡坐をかいている。机にはインクつぼとペン、厚さ二〇センチもあろう大判の会計簿が置かれていた。小机の横には携帯用寝具と古鞄が置かれている。ちなみに、携帯用寝具とは、インド人が常に携行する長期旅行用の折り畳み式の大型マットレスと枕である。

男たちは、黙々とインドソロバンをはじき、ひたすら帳簿にペンを走らせる。案内の男性は一言、「写真撮影もインタヴューも厳禁」。ほんの数分、部屋を眺め渡すだけで退出した。およそ何かを聞き取る雰囲気ではなかった。東正面の壁の大窓から、赤道直下の強い日差しが室内に差し込む。だが、部屋にはよそ者を拒絶する秘密結社めいた雰囲気があった。結局、チェッティの「職場」と彼らの仕事の内容については、何も聞きとることはできなかった。

さらにその後のことである。S議員から「それではもう一人」とシンガポール・インド人商議所の会頭P氏を紹介された。面談の予約を取って案内されたのは、シンガポール中心部の独立広場に面した、コロニアルスタイルの社交クラブである。この建物は今もある。昼食とコーヒーを終え、さて本題のチェッティのネットワークや活動について聞くべく身構えた。だが、「この広場ではね、シンガポールの独立記念日に盛大なパレードがあるんだ」と言ったきり、本題どころかチェッティのチェにも触れることなく、まったくの雑談で終わった。帰国後、「中洋の商人たち」

という特集記事を取材していたN新聞のベテラン記者に会い、この会頭氏とのインタヴューに話が及んだ。この記者でさえ一言も情報を得ることができなかったというのであった。

一大商業コミュニティであるチェッティ・カーストの人々は、かくも口が堅く、部外者にはまずその内奥を見せる隙は与えないことを改めて知らされた。

チェッティの3M

ペナン滞在中に、再びもう一人のチェッティ出身のA氏に会うことになった。彼もやはり南インド人に共通のいかにも人なつっこい笑顔と、話を逸らさない温厚さが溢れていた。ただ、これまで出会ったチェッティと大きく異なるのは、職業が弁護士でもあり、どこまで話を聞きとれるか不安であった。しかし、予想に反して彼はこれまでに会ったどのチェッティよりもざっくばらんであった。二時間にわたってのA氏との対話から以下のことが浮かび上がってきた。

今日のカースト集団としてのチェッティ・コミュニティは、三つのMを基本的な職能を担うと彼は言う。つまり、マネー・レンダー（金貸し）、マーチャント（商人）、それにマニュファクチャラー（製造業）である。インド経済史家であった伊藤正二さんの研究でも、そのことは裏付けられている。伊藤氏の分析によれば、現代のチェッティは、一七世紀以前からの金貸し・両替商だけではなく、かなり手広く工業生産も行っているのである。セメント・鉄鋼製品・化学製品・軽工業製品・耐久消費財・家具などを生産し、東南アジア各地へ輸出もしている。現在では、ITを駆使した情報ソフト産業にも投資している。そのことを弁護士のA氏も述べている。しかし、すべてが開放された市場原理によるものではない。その基盤には、依然として南インド・東南アジア各地の都市・農村を結ぶ、チェッティ独自のネットワークがある。そうした固いネットワークを通じて、インフォーマルな集団内・集団間の信用取引に基づく両替・金貸し業を今も強固に維持しているのである

チュリア・ムスリム商人たちは今

第三章で述べたように、チュリアとは本来、南インド系のムスリム商人のことである。クアラ・ルンプールやペナンなど、多くは大都市や港町に彼らの活動拠点がある。この点で、農村やゴム・紅茶農園や都市のヒンドゥー労働者を相手とするチェッティ商人とは大きく異なる。近年におけるヒンドゥー系商人の隆盛に対して、彼らは内心焦りを感じている。かつてのチュリアの誇りと活動力を挽回する機会ととらえている。

話は少し古くなるが、一九八五年七月、南インド系ムスリムの主だったメンバーから数回にわたって話を聞いた。ペナンのチュリア通りに商船会社と貿易商社を構えるS・アラウッディーン氏は精悍にして闊達な実業家であった。同氏は一八三七年に南インドから渡ってきた第六世代のチュリアであり、彼の母はマレー人だという。

マレーシアのインド系政治団体とは独自に、マレーシアの南インド系ムスリムの地位向上を図る組織にペルミームがある。それを一九七一年に実業家などの有志で立ち上げている。一九八〇年時点ではマレーシア全土で三四組織、そのうち中心となるペナンでは四組織が活動していた。彼らの主張を広く知ってもらうために、広報誌「我らが声」(ナーム・クラル)を発行している。この広報メディアがタミル語であることに、彼らのアイデンティティを感じるのである。

アラウッディーン氏は、「自分たちはマレー・イスラム、アラブ・イスラームともまた違う」という。典型的には、自分たちの名前に「~の息子」を表す「ビン(bin)」を使わない。それは、ビンがアラブ系イスラームを表すからだ

という。同じ南インド出身ではあるが、ヒンドゥーのチェッティとは異なり、同じイスラームではあるが、アラブ系やマレー系とも異なる独自の集団、それがチュリアの拠って立つ出自とその誇りである。

組織は必ずしも強くはなく、社会活動も必ずしも活発ではない。何より基金が不足している。年数回の全国的な公開講演を開催して社会的な認知を広げている。重点的な課題は、チェッティと共通している。それはインド系ムスリムの社会・経済的な地位の改善であり、とりわけ次世代の育成である。そのための方策として、奨学金の給付、イスラーム教にもとづく教育、そして学校運営の三本柱を立てている。

その後、二〇一一年まで数度にわたってペナンを訪れたが、この組織の主要メンバーには再会し得なかった。グローバル化のこの二〇年余の間に、南インド出身の、タミル系ムスリムの人たちがどう新たな展望を築きあげてきたのか、チュリア通りの喧騒の中からは窺いしれなかった。

おわりに

一九八五年から二〇〇八年まで、筆者は断続的に南・北インドおよび東南アジアの各地で実地調査を行ってきた。調査の前半は、東南アジアにおけるインド系移民とインド文化の定着をテーマとし、その後半は、もっぱら海域アジアのアルメニア移民に関する調査を目的としていた。

研究調査をまとめておこうと考えた。まず南インドのキリスト教文化と天竺木綿織物の江戸伝播をテーマに『マドラス物語、海道のインド文化誌』（中公新書、一九九三年）を、さらに人の移動について、東南アジアのシンガポールとマレーシアに定住したインド系移民の歴史状況について『国際移動の歴史社会学―近代タミル移民研究―』（名古屋大学出版会、一九九九年）を刊行した。この間6年にわたって、調査後半のテーマである海域アジアにおける近代のアルメニア移民について調べ始めた。

だがその後、個人研究の資金切れと、アルメニア語独習の頓挫による中断があった。幸いに、二〇〇三年度に日本学術振興会の科学研究費の助成を受けて、「はじめに」で述べたように、ベンガル湾海域の一筆書きフィールドワークが可能となった。その中間報告が、簡易版の研究成果報告書『ベンガル湾海域文明圏の研究I―アルメニアン・コミュニティの組織と経済活動を中心に』（二〇〇七年）であり、インド・東南アジア各地に点在するアルメニア教会史跡と墓碑銘の写真を主に掲載した。

ペナンの社会史は、こうした実地調査の中で関心が高まってきたテーマである。ベンガル湾海域やマラッカ海峡についての一般書や学術書は、鶴見良行氏の足と目で考える文明誌や家島彦一氏の精緻な原典翻訳などの他にもあるがそう多くはないこと、また、ペナンについては、*Old Penang.*（Sarnia Hayes Hoyt 著、Oxford University Press, 1991）（邦訳『ペナン、都市の歴史』、西村幸夫監修、栗林久美子、山内奈美子訳、学芸出版社、一九九六）のほかに、ＰＨＴ代表者のサルマさんによる詳細な都市ガイドブック Streets of George Town, Penang（1994, 2001）があるが、そのほかには適切な著書はない。そこで、ペナンとは一体どのような歴史を刻んできた島なのかを知るために、ほぼ毎年、ペナンに通い、路地と寺院と墓碑の調査を続けてきた。インドのコルカタ、東南アジアのペナン、シンガポールそして横浜・神戸などでのインタヴューも繰り返した。やがて、ペナンにはアルメニア人の事跡だけでなく、日本人町の存在やインド人街の状況も、ぼんやりとではあるが浮かび上がってきた。

しかし、本書でも指摘したように、多くの史実については断片的であったり、記録資料に乏しかったりする。そのため、確実にこうだと言いきれていない内容もある。

二〇一一年九月一六日から三日間、ペナンのジョージタウン市で、「ペナン及びインド洋（ＰＩＯ）国際シンポジウム」が開かれた。マレーシアをはじめシンガポール、タイ、イギリス、アメリカ、オーストラリアなど世界各国から約七〇名の参加者があった。開催直前に筆者も連絡を受けて参加したが、おそらくペナンに関する世界初の本格的な学術討論の場ではなかったかと思う。しかしすでに二〇一〇年八月に完成稿がほぼ出来上がっていたので、本書では、残念ながらシンポジウムの成果を取り入れることはできなかった。

本書執筆中にぶつかった課題がある。

その一つは、本来この島の「当主」であるはずの、マレー人についての記述を十分に書けなかったことである。記録史料が少ないという問題も確かにある。だが、記録文書のほかに、マレー人が残した様々な伝承や非文献資料などを利用する研究方法や、マレー人の視点での歴史観を掘り下げる必要があったことを痛感している。

第二に、本書では、インド系やアルメニア系の人々の記述が不十分なことである。アルメニア人については、今後まとめたいと考えているのだが、インド系の集団については、きっと私家文書や族誌は存在するはずであるから、それらの記録資料を掘り起こす必要がある。

第三に、ペナン定住の中国系の人名や史跡の読み方の問題である。出身地ごとに――たとえば、福建・広東・海南・客家など――発音が異なり、さらにまたマレー語に発音が転写され、あるいは当時の西欧人がローマ字表記した際の表記が多様であり、それらをまたカタカナで表記する場合に、いったい何が正当な（あるいは妥当な）表記なのか確証が得られなかったのである。そうした課題は今後、専門的な研究によって修訂していただければありがたい。

本書に関する調査の中で、多くの方々から資料提供やご教示・ご批正を得た。ペナンの歴史については、ペナン・ヘリテイジ・トラスト（ＰＨＴ）とその中心的な役割を担っているクー・サルマ、ルビス夫妻および梁超明（クレメント・リャン）氏、ペナンに現存する華人会館・公祠の関係者、アルメニア人コミュニティについては、ベンガル研究者森本治樹氏、日本アルメニア友好協会の中島偉晴氏、植民都市研究者アノマ・ピーリス氏、日本人町の歴史については、大場昇氏、刑部之康氏、平嶋勉氏、言語表記については本学同僚の中村啓祐氏、正信公章氏、李慶国氏、インド事情については大麻豊氏、明治期絵葉書の資料と鑑定については、布施康夫氏に大変お世話になった。

また、資料の調査では以下の主な機関を利用したことを記しておきたい。

ペナン孫文記念館／ペナン州立図書館／ペナン州立博物館／マラヤ大学図書館／シンガポール国立図書館／シンガポール国立公文書館／シンガポール・アルメニア教会／シンガポール・プラナカン博物館／マドラス（チェンナイ）・アルメニア教会／カルカッタ（コルカタ）・アルメニア教会／横浜開港資料館／関西大学図書館／国立民族学博物館／大阪市立大学図書館／小樽商科大学図書館／神戸華僑歴史博物館

なお、本書の刊行にあたっては、二〇一一年度の追手門学院大学刊行助成金の助成を受けたことを記し、感謝の意を表したい。

主な参考文献抜粋

綾部恒雄、永積昭編『もっと知りたいマレーシア』弘文堂、一九八三年

上田信『中国の歴史、海と帝国』講談社、二〇〇五年

尾本恵市・濱下武志・村井吉敬・家島彦一編『海のアジア二、モンスーン文化圏』岩波書店、二〇〇〇年

金子光晴『マレー蘭印紀行』中公文庫、二〇〇一年（一九四〇年初刊）

小西正捷、弘末雅士他『インド洋海域世界―人とモノの移動―』葫蘆社、二〇〇八年

重松伸司『マドラス物語、海道のインド文化誌』中公新書、一九九三年

信夫清三郎『ラッフルズ伝』平凡社東洋文庫、一九九四年（一九六八年）

陳徳仁、安井三吉『孫文と神戸』神戸新聞出版センター、一九八五年

鶴見良行『マラッカ物語』時事通信社、一九八一年

南洋及日本人社『南洋の五十年』新嘉坡南洋及日本人社、一九三七年（再刊年未詳）

羽田正『東インド会社とアジアの海』講談社、二〇〇七年

弘末雅士『東南アジアの港市世界』岩波書店、二〇〇四年

フェル、リチャード・ティラー著、西村幸夫監修、安藤徹哉訳『古地図にみる東南アジア』学芸出版社、一九九三年

ホイト、サリーナ・ヘイズ著、西村幸夫監修、栗林久美子、山内奈美子訳『ペナン、都市の歴史』学芸出版社、一九九六年

松浦章『中国の海商と海賊』山川出版社、二〇〇三年

桃木至朗編『海域アジア史研究入門』岩波書店、二〇〇八年

家島彦一『海が創る文明―インド洋海域世界の歴史―』朝日新聞社、一九九三年

矢野暢『「南進」の系譜、日本の南洋史観』千倉書房、二〇〇九年

山下清海『東南アジアのチャイナタウン』古今書院、一九九二年

山田憲太郎『香料の道』中公新書、一九七七年

アンソニー・リード著、平野秀秋・田中優子訳『大航海時代の東南アジアⅠ・Ⅱ』法政大学出版会、二〇〇二年
旅行人社『海洋アジア四、東南アジアの島々へ』旅行人社、一九九七年

荒井茂夫「マラヤ華僑社会の啓蒙」『人文論叢』三重大学人文学部文化学科研究紀要第一号、一九八四年
呉華著、森川久次郎・今富正巳・谷口房男訳『マレーシア華人会館史略（一）（二）』、東洋大学アジア・アフリカ文化研究所『研究年報』第一六号、一九八一年
リンスホーテン『東方案内記』岩波大航海時代叢書Ⅷ、一九七三年
トメ・ピレス『東方諸国記』岩波大航海時代叢書Ⅴ、一九七三年
ロバート・ホーム著、布野修司・安藤正雄監訳、アジア都市建築研究会訳『植えつけられた都市、英国植民都市の形成』京都大学出版会、二〇〇一年

Andrew Barber. Penang under the East India Company 1786–1858., AB&A., 2009.
Cheo Kim Ban , Baba Wedding. Eastern University Press, 1983.
Michael R. Godley. The Mandarin-capitalists from Nanyang. Overseas Chinese enterprise in the modernization of China 1893–1911., Cambridge University Press, 1981.
R. T. Fell. Early Maps of South-East Asia., Oxford University Press, 1991.
Goh Ban Lee. The Foundation of Urban Planning in George Town and Adelaide. Kajan Malaysia, 1988.
Haneda Masashi（ed.）. Asian Port Cities 1600–1800., NUS Press, 2009.
Sarnia Hayes Hoyt. *Old Penang.*, Oxford University Press, 1991.
Khoo Su Nin. *Streets of George Town, Penang. An Illustrated Guide to Penang's City Streets & Historical Attractions.*, Areca Books, 1993, 2001.
Khoo Salma Nasution. Sun Yat Sen in Penang. Areca Books., 2008.
Khoo Salma Nasution & Malcolm Wade. Penang. Postcard Collection 1899–1930., Janus Print & Resources., 2003.

邱思妮著、陳耀宗訳『孫中山在檳榔嶼』Areca Books、二〇一〇年

Malaysian Branch of the Royal Asiatic Society, A Centenary Volume of Journal of the Royal Asiatic Society, Malaya Branch, 1877-1977. Reprint no.4, 1977.

Malaysian Branch of the Royal Asiatic Society, Journal of the Malaysian Branch of the Royal Asiatic Society., vol.82, Part 2., 2009.

Malaysian Nature Trails of Penang Island., Malaysian Nature Society, Penang Branch, 1999.

Nordin Hussin, Trade and Society in the Straits of Melaka, Dutch Melaka and English Penang, 1780-1850., NUS. Press, 2007.

Tagliacozzo, Eric, Secret Trades, Porous Borders, Smuggling and States along a Southeast Asian Frontier, 1865-1915., NUS Press, 2007.

Tan Kim Hong, The Chinese in Penang, A Pictorial History., Areca Books, 2007.

Turnbull, C.M. A History of Singapore 1819-1988., Oxford University Press, 1999（2nd ed.）

■著者紹介

重松　伸司　（しげまつ　しんじ）

追手門学院大学国際教養学部教授

京都大学大学院文学研究科（東洋史学）博士課程中退

文学博士

主著

『マドラス物語―海道のインド文化誌―』中公新書、1993年

『国際移動の歴史社会学―近代タミル移民研究―』名古屋大学出版会、1999年

『インドを知るための50章』編著、明石書店、2003年

マラッカ海峡のコスモポリス　ペナン

2012年3月20日　初版第1刷発行

■著　　者――重松伸司

■発 行 者――佐藤　守

■発 行 所――株式会社 **大学教育出版**

〒700-0953　岡山市南区西市855-4

電話（086）244-1268　FAX（086）246-0294

■印刷製本――サンコー印刷㈱

ISBN978－4－86429－118－7